慰安婦

小林よしのり
Yoshinori Kobayashi

幻冬舎

慰安婦

小林よしのり

目次

慰
安
婦

第1章
「反日」が原理の国

日韓関係は
現在(2019年)、
戦後最悪の状態である。
政府、韓国への輸出制限
半導体材料
徴用工問題で
産経新聞
8.23
韓国、軍事協定を破棄
GSOMIA

なるべくして
なったのだ。

韓国が「反日」を
アイデンティティーにした国で、
子供の頃から公教育で
「反日」を植えつけ、
エリートになればなるほど
「反日」になり、
政治家が「反日」の頂点に君臨し、
「反日」パフォーマンスをすれば
支持率が上がるという国
なのだから、
日本がいくら仲良くしようと
努力しても限界がある。
必ず衝突するに決まっている。

韓国が永遠の「**被害者**」で、
日本が永遠の「**加害者**」だから、
韓国は日本との間では
「国際法」も「国際条約」も
守る必要がなく、
日本は永遠に謝罪し続ける
べきだという怨念の外交関係が
健全であるはずがない。

現在の日韓関係の
悪化の元凶は、
韓国に最悪の
「**反日・親北朝鮮**」の
政権が誕生した
ことだ。

文在寅政権は、
戦時中のいわゆる
「徴用工」に対する
個人補償について、
1965年の
日韓基本条約に伴う
請求権協定で
「**完全かつ最終的に解決**」
しているにもかかわらず、
「未解決」と言い出し、
日本企業の資産を
差し押さえてしまった。

文在寅は、これは
大法院（最高裁）の
判決で、
政府は司法に介入
できないと言っているが
大嘘である。

大法院には、文在寅の息がかかった裁判官が送り込まれ、文在寅が望む判決を下しているのであって、
現在の韓国には三権分立が成立していないのだ。
国と国とが正式に結んだ「条約」が後で反故にされたのでは、「話し合い」は無意味ということになり、信頼関係は崩壊し、「外交」というものが成りたたない。

安倍首相はこう言っている。
日韓請求権協定に違反する行為を韓国が一方的に行い、国交正常化の基盤となった国際条約を破っている。

現在の日韓関係を考えたときに、最大の問題は国家間の約束を守るかどうかという信頼の問題。

引き続き国際法に基づきわが国の一貫した立場を主張し、韓国側に適切な対応を強く求めていく。
韓国には日韓請求権協定をはじめ、国と国との関係の根本にかかわる約束をまずはきちんと守ってほしい。

この発言は完全に正しい!
安倍政権を徹底批判してきたわしだが、良い政策を行えば評価するしかない!
韓国が「法・ルール」を守る国だと証明してくれれば、信頼も回復するというだけのことだ。

どっちが悪いかははっきりしてるのに、日本政府を批判する人たちって変すぎますよね？

現在の日韓関係の悪化の原因はひとえに韓国側にある！

僕もそう思います。
ところがみなぼんが言うとおり、日本の左翼マスコミの報じ方は異常です。

問題の発端が韓国の条約破りであることを無視して、日韓双方に問題があるか、むしろ日本の側に問題があると主張し、日本が謝罪すべきだ、日本が譲歩すべきだと言い出すのです。
社説
朝日新聞
東京新聞
未来へ道筋を
日韓で克服する努力を

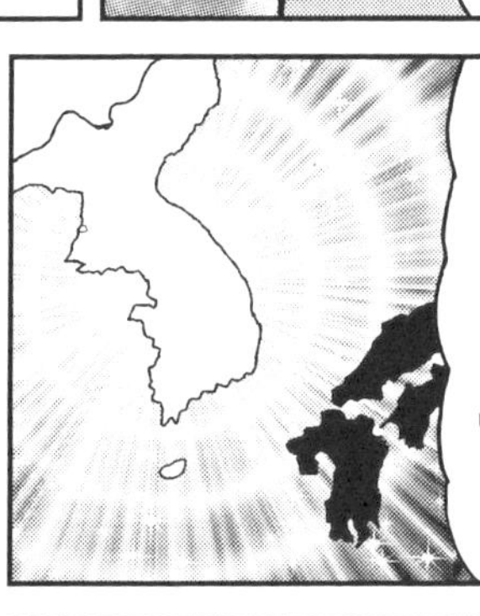

日本の左翼マスコミは「韓国＝被害者＝善」とする「韓国無謬論」だ。

そして「日本＝加害者＝悪」とする「自虐史観」なんです。
まだ自虐史観やってるんですか？

日本が「韓国併合」をしたことを悪だと思ってるんだろう。
当時は帝国主義の時代であり、韓国併合は国際社会が認める「合法」なものだったという事実を知らないらしい。
国際会議で英の学者ら
「日韓併合不法論」支持せず
韓国主張崩れる

今の価値観から見れば悪でも、当時の「法」の世界では正当だったんですね？
うむ！

日本だって幕末のとき、欧米諸国に「不平等条約」を押し付けられ、それを解消するために、国を近代化させて、日清・日露戦争までやって、膨大な数の先人たちが犠牲になっている。
武力が全ての帝国主義の時代があった。
今から駄々こねても当時の時代の価値観は変えられないですもんね。
過去は変えられない。
未来を平和にしていくしかない。
そのためには「国際法」の発展しかない。
韓国って1965年の日韓請求権協定も、2015年の慰安婦問題日韓合意も、ぜーんぶ崩壊させるつもりですからね。
左翼って無知だから「韓国併合」を悪だと思っていて、韓国に罪悪感を持っている。
国際法を知らんのですよ。

しかも左翼マスコミの主張は「日本は加害者」で一定してますが、「被害者で無謬の国」はどんどん入れ替わってますからね。
自虐史観根絶センター
左翼はかつて、北朝鮮を「無謬の国」として「地上の楽園」と礼賛した。
それを信じて多くの人が北朝鮮に渡り、地獄を味わうことになった。

その頃は、韓国は親米の軍事政権だからと左翼マスコミは評価しなかった。

次に左翼は、中国を「無謬の国」として、文化大革命を絶賛した。
ところが実態は若者が大人を吊るし上げ、子が親を殺害して人肉食をして、女を凌辱するという大混乱に過ぎず、
チベットやウイグルではジェノサイドが起こっていた。

歴史の真実が暴かれた今では、北朝鮮や中国を「無謬の国」だなんて言っても、誰一人、納得する訳がない。

そこで左翼マスコミ・知識人らは、以前は嫌いだったはずの韓国を「無謬の国」にしてしまったのだ！

日本国内で、
韓国を批判しただけで
「嫌韓ヘイトだ!」と
言論を封殺しようとし、
韓国の国家理念である
「反日」は一切批判しない。

左翼はただ、日本を
「アジアに被害を与えた
悪魔の国」として
糾弾するダシに
使うために、
誰でもいいから
日本による被害を受けた
「無謬の被害者」が
ほしいだけなのだ。

そんなわけで左翼は、
今、韓国が「国際法」を
破っても、日本は韓国に
謝罪し、妥協し続け
なければならないと
言っている。
東京新聞
朝日新
玉川徹
青木理

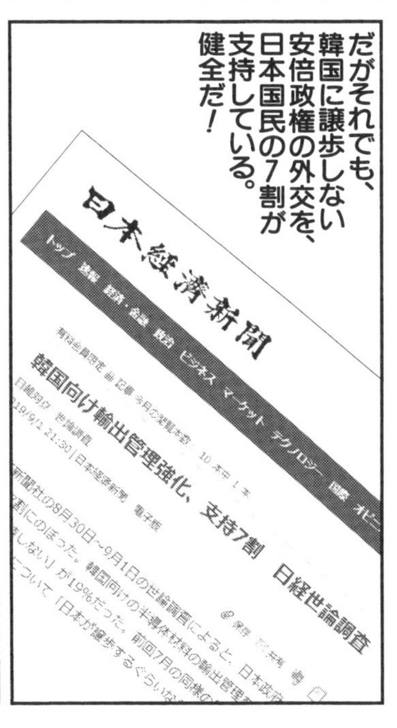
だがそれでも、
韓国に譲歩しない
安倍政権の外交を、
日本国民の7割が
支持している。
健全だ!
日本経済新聞
韓国向け輸出管理強化、支持7割　日経世論調査

もはや左翼マスコミが
どう騒ごうが、
国民の大半は韓国を
「無謬の国」だなんて
ちっとも思っちゃいない。
けーーっけけけ
んがーーっはははは

二十数年前とは
だいぶ変わり
ましたよね。
うん、当時は
自虐史観が
優勢だったから
なあ…

二十数年前は、左翼マスコミが韓国を神聖不可侵の被害者に祭り上げ、日本を絶対悪の加害者として書き立てる論調に対して、誰も逆らうことができなかった。
「日本が韓国を統治していた時代、日本は良いことをした」と政治家が言ったら、大批判され、首が飛ぶという「自虐史観」全盛の時代があった。
完全な言論弾圧である！
日本の過去は全て悪だったとする「自虐史観」が全国を覆っていたのだ！
ところが今は、そんな空気は限りなく薄れてしまった。
なぜそうなったのか？
よしりん先生の『戦争論』や、「新しい歴史教科書をつくる会」の運動が、日本の「空気」を変えたんだと思います。

まあ、そう
モロに言うなよ。
自画自賛と
思われるだろ？
90年代、韓国との間で
「従軍慰安婦問題」が
騒がれるようになり、
宮沢喜一首相（当時）が
謝罪し、
河野洋平官房長官（当時）
が「河野談話」で
国の責任を認めた。

でも左翼運動家は
『戦争論』が空気を
変えたと、
よしりん先生を
恨んでいますからね。
恨まれるくらいなら
自慢しとかなきゃソンだな。
ついには全ての
中学歴史教科書に
「従軍慰安婦」が
掲載されるように
なってしまった。
従軍慰安婦として戦地に送り出された。
女性を慰安婦として従軍させ、ひどいあつかいをした。
若い女性も多数いた。
従軍慰安婦として強制的に戦場に送りだされ
戦後補償
だが「従軍慰安婦」なんて
問題は、1965年の
日韓基本条約締結に至る
13年8か月にも及んだ
交渉の中でも全く取り上げ
られず、
日韓基本条約及び
請求権協定等によって
「完全かつ最終的に解決」
済みと見なされる
ものだった。

しかも「従軍慰安婦」
なんて言葉は
もともと存在せず、
戦時中は単に
「慰安婦」と呼ばれて
いたのである。
慰安婦大募集

これは、本来は問題にもされてなかったことを、日本の左翼活動家が「問題」に仕立て、朝日新聞をはじめとする左翼マスコミが大宣伝して育て上げた反日プロパガンダだったのだ！
歴史の捏造である!!

だが、当時はそう主張すると「セカンドレイプだ！」「女性の敵！」と囂々（ごうごう）たる非難を浴びた。

名前と顔を出して、誰かが最前列で戦い、悪人あつかいされても主張し続けないと、社会の空気なんて変えられないよ。
悪人でOK！悪人で！

わしは悪人上等の覚悟で、慰安婦の真実を追求する作品を描き続けた。

それは、大変な戦いだった。
左翼は総攻撃を仕掛けてくる。
朝日新聞は嫌がらせのような記事を書いてくる。
市民団体は束になって抗議文を送ってくる。
テレビで1対5の討論を行う。
左翼活動家とは裁判で最高裁まで争う。
女性の読者が激減して単行本の部数が減ってしまう。
イヤッホーッ
見せて
抗議だ
ケチッ
聞いてるね きみたちっ
この一回限りだろう。
やはりここは厳粛な話し方をせねばならぬのかな？
戦争した日本は何もかもすべて極悪非道だった！
…そう決めつければ戦争防止になる！
そのためには私達のじっちゃんたちを「性奴隷」をひきずりまわした強姦魔として世界に売りわたし
子孫代々伝えましょう！

それでもわしは
ペンの力を信じて
戦い続け、
そして1998年の
『戦争論』の大ヒットで、
強固な自虐史観の
空気に風穴を
開けることに
成功したのである！
小林よしのり
新ゴーマニズム宣言
SPECIAL
戦争論
384ページ
狂気の描き下ろし
最高傑作

ところがその後、
2002年のサッカー
日韓ワールドカップによって、
韓国に対する嫌悪感が
多くのネット民に共有
されるようになり、
「ネトウヨ」が発生し、
「嫌韓ブーム」なんてものに
繋がっていった。

あれはマズかったですね。
ネットの中で、匿名で、リスクなしで、嫌韓を言い募る者がどっと増えた。

その頃から「ネトウヨ」がネットの外に現れ、在日コリアンに対するヘイトスピーチを始めるようになりましたからね。
売国奴、守銭奴、朝鮮人を絶対に許すな——！
在日朝鮮人を列島から叩き出せー！
日本人を侮辱していい気になっている
パチンコマネーに汚染された警察官よ、ただちに立ち去れー！

わしは、この在日コリアンへのヘイトスピーチだけは許せなかった。
わしの読者の中には、在日コリアンも在日中国人もいるし、彼らはみんな日本への愛国心を持っているから大切な仲間なのだ。

そもそも大東亜戦争では、朝鮮人も日本人として戦い、死んでいますからね。

そうとも！朝鮮人も英霊として靖国神社に祀られている！

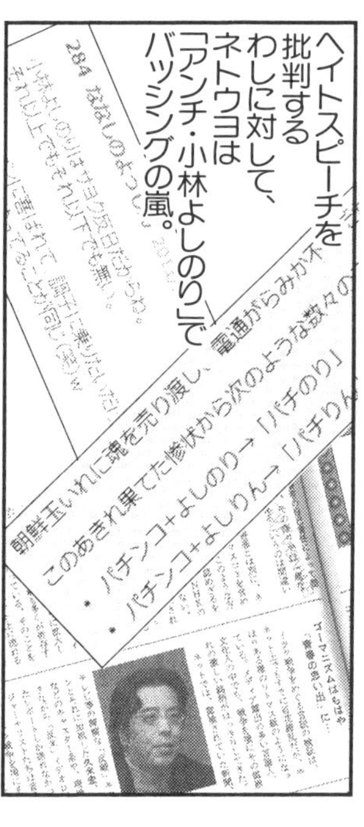
ヘイトスピーチを批判するわしに対して、ネトウヨは「アンチ・小林よしのり」でバッシングの嵐。
284 ななしのよっしぃ
このあきれ果てた惨状から次のような数々の
・パチンコ＋よしのり→「パチのり」
・パチンコ＋よしりん→「パチりん

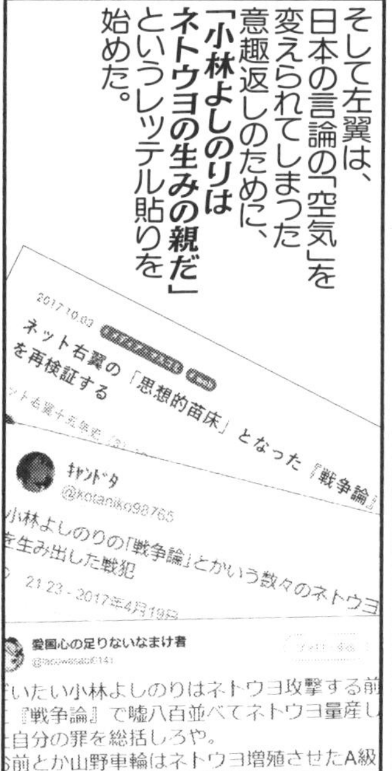
そして左翼は、日本の言論の「空気」を変えられてしまった意趣返しのために、「小林よしのりはネトウヨの生みの親だ」というレッテル貼りを始めた。
2017.10.03
ネット右翼の「思想的苗床」となった『戦争論』を再検証する
キャンドータ
@kotaniko98765
小林よしのりの「戦争論」とかいう数々のネトウヨを生み出した戦犯
21:23 - 2017年4月19日
愛国心の足りないなまけ者
いたい小林よしのりはネトウヨ攻撃する前
『戦争論』で嘘八百並べてネトウヨ量産し
自分の罪を総括しろや。
前とか山野車輪はネトウヨ増殖させたA級

右も左もけったくそ悪い！
『戦争論』には膨大な数の読者がいたから、一部にわしの作品の真意が伝わらない者がいたって仕方がないじゃないか！

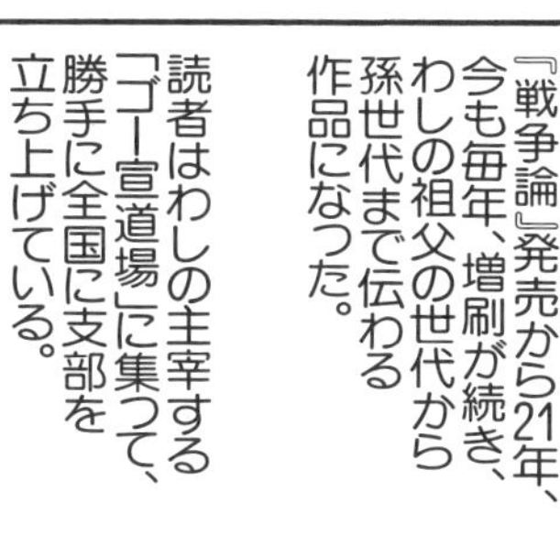
『戦争論』発売から21年、
今も毎年、増刷が続き、
わしの祖父の世代から
孫世代まで伝わる
作品になった。
読者はわしの主宰する
「ゴー宣道場」に集って、
勝手に全国に支部を
立ち上げている。

ところが、『戦争論』で
批判された左翼(サヨク)
の連中は「リベラル」と
いう仮装をして生き残り、
未だに「自虐史観」を
たれ流している。
リベラル
リベラル
アメリカでは
リベラル左派でも
軍隊や国家は否定しない。
日本のリベラルは
左翼の仮装なのだ。

戦争論
ゴー宣道場
関東
関西
九州
中四国
愛知

もともと慰安婦問題は
「強制連行の有無」だけが
論点だったのに、
強制連行はなかった
という結論が出ると、
ヌケヌケと論点を
すり替えて、
『強制性』があった
と言い出し、
さらに論点をすり替えて
現在では、
「女性の人権問題」だと
言っているのだ。
自由を奪われた強制性あった
慰安婦問題の本質 直視を
強制連行
「済州島で連行」証
者の疑

完全にペテンですね。
でも、もうよしりん先生が、慰安婦問題で論戦をしていた頃から20年以上も経過しています。
その頃みなぼんは学生だった。今はわしの孫の世代が育ってきてるからなア。

今や若い世代は、
慰安婦問題で何が
論戦になっていたのか
も知らず、
最初から論点が
「女性の人権問題」
だったものと
思い込んでいる人も
多くなっているようだな。

それをいいことに
左翼どもは、
20年以上も前に
論破された
主張をそのまま
たれ流している
始末です。
左翼は
少女像を
芸術あつかい
してまで
時計の針を
巻き戻し
たがっているニダ。
そんなこと
許せませんね。
あっ
よしりん少女像
だっ！
よしりん少女像
の方が
好きですぜ。

よしりん先生が
慰安婦問題で
どんな戦いを
行ってきたのか？
残しておく
べきです！

そもそも
慰安婦問題とは
何だったのかを
描いた当時の作品を
集大成し、１冊で
全てがわかる
決定版の本を
作りましょう。

みんな、
賛成して
くれるよね
!?

へえ！
あっし
たちは
筆奴隷
でがす！

ならば
慰安婦に関する
最新の学説や
最新の状況、
最新の分析も
紹介して
描くスミダ！

まずは20年以上前からの
わしの戦いの軌跡を
神の視座から
見てもらいたい。
それは「SAPIO」
1996年8月28日
9月4日号に
掲載された
『新ゴーマニズム宣言』の
このコマから始まる。

実はわし
この10年くらい
『朝日新聞』を
とっていた
ただ単に
いっちゃん
メジャーな
新聞かな
と思ってた
新聞なんか
全部同じだろう
と思っていた
朝日新聞
読売新聞

『朝日新聞』読んで
テレビ見てたら
従軍慰安婦
ってのは確かにいて
日本軍に
強制連行されて
犯されまくった
あまりにも
気の毒な女性たち
…と認識していた
元慰安婦へのアジア女性基金か危機に
政府は謝罪と補償を
慰安婦の大半、強制
部内で報告
これはヒドイ
日本の賠償
もやむなし
かな…？
ところが
『産経新聞』が
しばしばわしの
名前出して
ナンヤカヤ言う
もんだから
気になってこれも
とり始めた
すると
従軍慰安婦
に関して
全く正反対の
ことが
書いてある！
朝日新聞
従軍慰安婦
なんていない
日本軍は
強制連行なんて
していない
現地の
売春業者が
貧乏な家の
娘を集めてきて
慰安所で働かせ
彼女たちには高額の
給金が支払われていた
裏付けない「強制連行」
虚構に満ちた慰安婦問題
なになに
〜〜〜？

当時は貧乏に
あえぐ人が多かったから
韓国人だけでなく
日本の女性だって
慰安婦を募集したら
お金につられて
やってくるような
状況だったので
強制的に連行する
必要などなかったのである
最初これ読んだ時
わしは怒ったね
この新聞は
軍国主義か
〜〜〜っ
被害者に
悪魔新聞か
ムチ打つ
〜〜〜っ
なんだと
〜〜〜？
わしは『毎日』も
読んでみた
やっぱ
従軍慰安婦に
金払えと
書いてある
奥野・板垣ら議員が
「従軍慰安婦は商行為だ」
と言ったら
たちまち朝日・毎日は
鬼の言動のように
書きたてている
婦は商行為
成で奥野元法相
カネもらってないとは信じられぬ
の元慰安婦が抗議
板垣議員「証
10チャンネル
（テレビ朝日）の
朝のニュース番組
見てたら…
被害者の
身になって
考えてほしい
ですね
ホント
そうですね
…という
コメントで
まとめている
けど『産経新聞』は
「断じて商行為だ」
と報じている
にほとんどの慰安婦は業者と契約を結
んだ「公娼」であったという証言が増
えている。与党の自民党内に結成され
た「明るい日本」国会議員の奥野誠亮
会長も「商行為」と述べている。
わしは呉智英に
聞いたんだ
従軍慰安婦
って『朝日』と
『産経』
180度
違うこと
書くから
読んでると
パニックだよ
な――
すると何と呉智英
こう答えやがった
何言ってんだ
だから
甘いんだよ
んなもの
商売でやってるのに
決まってんじゃん

あはははは
がびびびーん
なんだそりゃ？
こんな重大な問題を商売でやってるっていうのかよ？
じゃ何かい!?
『朝日』の読者は反権力記事を好むから「国家謝罪せよ」って書くし…
『産経』の読者は保守が多いから「商行為だ」って書く
それぞれ商売のために読者のニーズに合わせて書いてるだけだと？
そんな…むちゃくちゃな〜〜〜〜〜〜っ
わしは呉智英のこの 達観しすぎてニヒリズムにイッちゃったようなところがキライだ
それでいてマンガや時計や中島みゆきのことになるとやたらミーハーで無邪気になるくせに…
わしはとてもそこまで突き放して従軍慰安婦の問題をとらえきれない
だって普通新聞なんて一紙しかとらんぞ
『朝日』と『産経』どっちかが読者をウソの歴史的事実に洗脳しているってことじゃないか！
普通に新聞読んで暮らす庶民としては「常識」はどっちなのかやっぱり選びたいところじゃないか！
ウソのまま信じたくはないよ
毎日新聞
産経新聞
朝日新聞
その上 最近ではマスコミだけでなく中学の教科書にまで従軍慰安婦が強制連行だと記述してあるそうじゃないか！
政治家も鳩山由紀夫や橋本首相まで「おわび」せねばと言い出してる
日韓首脳が一致
橋本首相 慰安婦で「おわび」
中学社会 歴史
これを「常識」としていいのか？

ニュース番組で従軍慰安婦が出てインタビューに答えているけ
ある日家に突然日本の兵隊が入って来て
「いい娘がいる」と言って私をさらっていったのです
悲惨な話である…しかし わしはもうこの証言をまんま信じることすらできなくてあれこれ背景を想像してしまう
当時 日本兵の軍服を着て日本兵を装った現地の売春業者がいたという
お金はこっそり親に渡していたのかもしれない
昔は日本でも東北の貧農で娘を売らざるを得ない親がいたものではないか

日本軍の慰安所に監禁され
身体中傷だらけボロボロになって家に帰された時…
母は嘆き悲しんで自殺していた
母親はいくら貧乏とはいえ娘を金で売った自責の念にたえきれず自殺したのかも…
あるいは父親が業者からこっそり金をもらっていたのを後で知り絶望と不信で自殺したのかも…
娘はまさか親が自分を売ったなどとは夢にも思いたくないし…
日本を憎むことでしか自分をなぐさめる方法がなくなってしまったのでは…
だからこそ酷なようでも「証拠」がいる
証言を裏づける「証拠」がいる
逃げたら銃撃
母が自殺
慰安所に監禁
新聞やテレビで「証拠」なしの証言を延々と流すことに何か意義があるのだろうか？
日下公人氏は『人間はなぜ戦争をするのか』でこう言っている
日本国家がした行為ならその行為には必ず名称がありそれを示す文書が残っている
発令者と受令者およびそれに関連する事務を取り扱う各方面の機関に文書や記録が残っていなくてはおかしい
人間には色んな事情がある
本人は真剣に被害を訴えていても 実は本人すら知らぬ事情がウラに隠されてる場合だってある
黒田勝弘氏は『韓国・反日症候群』の中でこう言う
従軍慰安婦問題では被害者が加害者に対し「加害の事実を裏付ける証拠を出せ」と迫っている
普通は被害者の方が自らの被害の証拠をできるだけ捜し出し加害者に突き付けようとするもの
加害者を頼りに加害者の責任を追及するのは 限界がある

そもそも元慰安婦たちは日本政府ではなく韓国政府に抗議すべきなのである
従軍慰安婦の実態を調査しろ
なんで日韓基本条約で「これをもって最終的な解決とする」と書いたんだ？
なんでその時日本から賠償金八億ドルもらってしまったんだ？
…そう言うべきなのだ
本来国と国との外交問題をけったくって
個人のうらみごとを直接他国の政府にぶつけるなんて
そんなことってアリなの？
またそれを応援してしまう日本人がいて「純粋まっすぐ正義くん」の大人版で「リベラルな人」っていうらしい
ぼくらの国がそんな悪いことしたなんてたえられない！
おじさんたちも国に謝罪させて純粋まっすぐになりたいぞ――
しかし日本の女性にだって悲惨な過去はあるのだ
満州にソ連軍が攻めてきた時
日本女性はソ連兵に夫や家族の前で犯され阿鼻叫喚の地獄絵図
この時身ごもった女性は自決したり
博多の引き揚げ者収容所で中絶したりしたらしい
しかしこれらの日本女性はその後貝のように口を閉じ決して語らず胸に秘めその事実すらなかったかのようになっている…
日本の女は凄い！
わしはこのような日本の女を誇りに思う
純粋まっすぐな若者たちリベラルな大人たちは「語らぬ者」の犠牲の上に今の正義ぶりっこできる生活があることを自覚してはどうか!?
戦争とは多くの犠牲を強いるそういうもので
その戦争が国と国との外交の一手段だという厳然たる事実も！

この日本という
国は汚い！
外国に悪いこと
ばっかりした！
そうだよ
外国の
気の毒な
人たちに
冷たすぎるよ
ぼくたちは
おじさん
たちは

純粋で正義で
善人だから
ペコペコ謝罪して
どしどし賠償金を
外国に払いたいな！

けど
消費税
アップは
反対だよ

おまえらは
ただ
単なる
偽善者
だ！
ごーまんかまして
よかですか？

人間の原罪を
背負う
覚悟もない
善人ぶりっこの
カマトト野郎ども
おまえらの
ナルシシズムを
満足させるために
この国を滅ぼされて
たまるか！

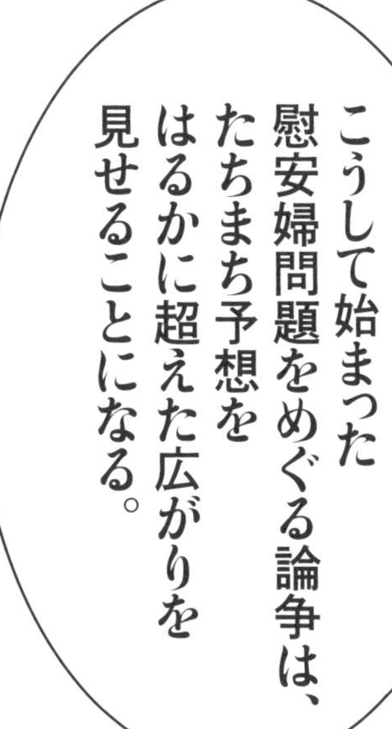
こうして始まった
慰安婦問題をめぐる論争は、
たちまち予想を
はるかに超えた広がりを
見せることになる。

以下、
「SAPIO」誌上で
展開された戦いを、
順に見て行って
いただこう。

次の章の初出は「SAPIO」1996年10月9日号
最初に慰安婦についてて描いてから1か月半後である。
今なら誰でもネットですぐに感想でも批判でも罵詈雑言でも発表できるが、当時は読者が意見を表明するには編集部に投書するしかない時代だった。

慰安婦
第2章
おそるべき
慰安婦問題の
反響

前章でわしは従軍慰安婦をめぐる朝日新聞と産経新聞の報道が正反対のまま突っ走ってるのを「これでいいのか？」と指摘した
従軍慰安婦は強制連行だ！
謝罪しろ
朝日新聞
政府は謝罪と補償を
「従軍」してた慰安婦などいない
公募して現地の業者が集めたのだ！
産経新聞
虚構に満ちた慰安婦問題
わしは元・慰安婦の「証言」はウソも勘違いも含んだものかもしれぬのに「証拠なし」「検証なし」で報道していいのか？…と疑問を発した
ある日家に突然日本の兵隊が入って来て
「いい娘がいる」と言って私をさらっていったのです
人間には色んな事情がある
国家の歴史と賠償金を懸けての問題まで善人ぶりっこで決定されちゃかなわんとゴーマンかました
ごーまんかましてよかですか？
人間の原罪を背負う覚悟もない善人ぶりっこのカマトト野郎ども
おまえらのナルシシズムを満足させるためにこの国を滅ぼされてたまるか！
するともんのすごい反響！
老人から若者まで感謝から抗議まで資料も意見もどさーっとやって来た！
ひょっとしてヤバイかな？とちらっと…思ったけど…
こうもみなさんがマジになっちゃう問題とは…

仙台の一老骨の方は…

「大東亜戦争」と云う国の命運を懸けた戦いを白人支配からの脱却の聖戦と信じて幾多の優秀な人材が戦塵に散って行きましたが幸か不幸か私共戦中派は生き残り激動の昭和を目の当りにして来ました

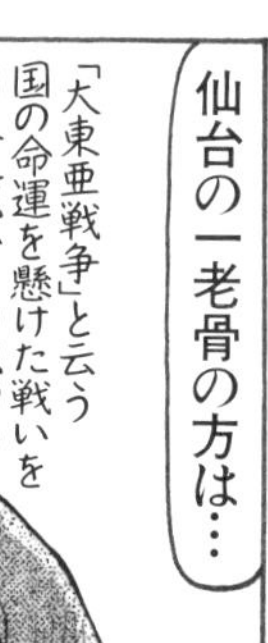

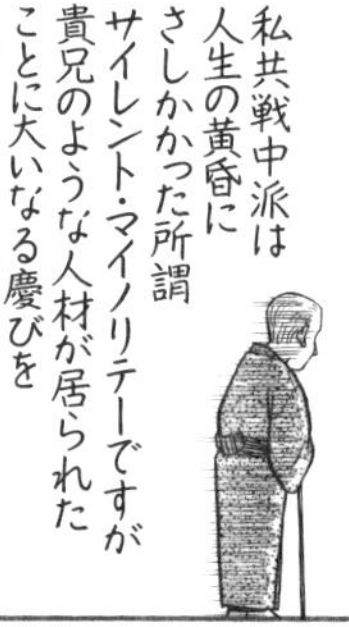

貴兄がサピオ誌上で執り上げた慰安婦問題もよくぞここまで画いて下さったと感謝して居ります

私共戦中派は人生の黄昏にさしかかった所謂サイレント・マイノリテーですが貴兄のような人材が居られたことに大いなる慶びを感じている次第であります

うれしいな〜〜〜〜

じっちゃんにほめられるとわし すっごくうれしいな〜

じっちゃんたちがやってきたことをちゃんと聞いて確かめてから未来に伝えてやんないと今の価値観と外国の意見ばっかりで判断して「じっちゃんたちは野蛮だった!」と決めつけちゃうのは絶対良くないぜ!

岡山の63歳の女性・高橋さんから 貴重な指摘を頂いた

あの頃に軍服を民間人が着る事は有りませんが 当時軍服に似た「国民服」というカーキ色の制服がありましたそれにゲートルを巻いて戦斗帽を冠っていたら少女の目には「陸軍軍人」に見えたのではないでしょうか

あの『ニュース23』に出た 中国人元・慰安婦の証言のことである

五十年前のことを何故 今になって言い始めたのでしょうか? 現地人だけでなく日本女性もそういう所で働いていたのに日本人は何も言わないのは なぜでしょう

私は昭和8年生まれですぐ近くに遊郭があり年上の女の子が芸者屋へ売られる例 私の家へは女中・子守りが来ていましたので仲介人が有り父母の手へ給料や前借金が渡り本人には「タダ働き」に思えるようなケースも知っています

この連中が本物の日本兵なら日本語で

いい娘がいる

と言ったはずです

彼女はどこで日本語を習ったのでしょうか?

どう考えてもおかしいのに筑紫さんは平然と聞き流していました

昔を知っている六十代以上の人間はもっと本気で発言すべきです 小林先生ガンバッテ下さい 戦争時代を知っている私共の声を聞いてほしいものです

聞きますよ〜 しっかり聞きますから ぜひ教えてください!

後日 彼女を呼んで集会があるというので出かけていったのですが そこでは質問時間が与えられませんでした

『ニュース23』はあの慰安婦の証言をちゃんと検証して流したのだろうか？
もしあれがウソの証言を報道してたとしたらまたしてもTBSは大罪を犯してることになるのだがぜひ回答が欲しい
そして学校教育の現場ではこの問題に対して重大なとまどいが見られるようだ 栃木県の谷原氏は…
中学校の教師としてはこの従軍慰安婦問題に強い関心を持たざるを得ません
来年度からの教科書は従軍慰安婦について触れないものが無いからです
従軍慰安婦
中学社会 歴史
中学社会 歴史
もともと韓国に対して深い親愛の念を持つ私は1983〜6年まで2人の韓国人と文通していましたが
その頃は日本政府は何で韓国に謝罪しないのかとマスコミに洗脳されて思っていたものです

しかし この頃はようやく自分の頭で考えるようになると戦前は売春は商行為であったこと戦前の売春は親が借金をする手段として行なわれたものだということがわかってきました
売春を禁じたのは昭和33年です
谷原氏は中学教師として来年からどう生徒に教えていくか悩んでいる
三重県の公立高校で社会科の講師をしていた女性Kさんは 現場の日本史教師が日本を悪者扱いし続ける教育方針をとっているのに納得いかず 自分の考えをいうと「右翼」のレッテルをはられ この春講師をやめてしまったと言う
日本軍兵士が 戦場で民間人を殺したり強姦したりというのは おそらくあったことでしょう
けれど戦場という極限状態の場でそもそも人殺しをしにいってる人間に 紳士的であれということなど できないと思う
元従軍慰安婦に公式謝罪と補償を!!
としての謝罪をせよ!
国に「謝れ」なんて口先で非難するのも正義漢を気どっていられるでしょうが
そういう人たちは国家が謝罪するということのもつ意味をわかっているんでしょうか？
それは決して人ごとでなく日本国民すべてが断頭台で審判をあおぐような そのくらいの覚悟がいることだと思う
他人ごとのように「謝れ」をくり返す人々にその覚悟はあるんでしょうか
あやまってよ 日本政府

そもそもよしのりさんがおっしゃってる通り日韓基本条約が結ばれており国家としての謝罪はすんでいるのです
朝日新聞
日韓 すべて解決
竹島処理も
一般的紛争解決の原則
早急にソウル設
さて では反対意見を紹介しよう 札幌市の大沼さんは次のように言っている
大変 勉強になるので たっぷり紹介したい
これはあなたの暴言に対する抗議の手紙です
あの章を読んだせいで一日中 不愉快でした
小林さん 今度ばかりはあなたを見損ないました
もうゴー宣のファンはやめます

従軍慰安婦のデモのニュースを見て
「戦争っていうのは一方だけが辛い思いをするんじゃないんだよ日本人だってひどい目にあったんだから」
と言い放ったとてつもなくバカなばばあがいました
この言い草は あなたの「日本の女性にだって悲惨な過去はあるのだ」に相当しますね
だったらよその国侵略するな
自分で戦争しかけといて何が自分も辛い目にあっただ！
あなたとバカばばあはもしドイツに生まれていたらアウシュビッツの生き残りの人にこう言うんでしょうね
仕方ないべさ戦争中だったんだから私達ドイツ人だってひどい目にあったよ
どうです小林さん少しは自分の馬鹿さ加減が判りましたか？
そうそうあなたにはお気の毒ですが慰安婦問題は国連の人権委でも扱われているんですよ
自分の国の悪を信じたくないからって耳ふさいでもムダですよ
12才だか13才だかで連れ去られて連日10人もの日本兵に犯されて妊娠すれば麻酔なしで中絶手術なんて話を聞けば戦後生まれの私でも思わず土下座して謝りたくなりますよ
多分 小林さんにもバカなばばあにも人間としての良心なんて備わっていないんでしょうね
「純粋まっすぐ正義くん」なんて他人を嘲うのは あなたの勝手ですが 日本人にも過去の過ちを反省し謝罪する良心があるのだと被害国の人々を納得させる力を持っているのは私達の方ですよ
小林さんには人の足 引っ張るしか能がないでしょう
神が存在するかどうか知りませんがこの世にはある法則がある様に思います
南京大虐殺に対するに原爆投下
中国人・朝鮮人強制連行に対するにシベリア抑留
従軍慰安婦に対するにソ連兵による婦女暴行およびパンパン
他国民にむごい仕打ちをすればいつかは自分が同じ目にあわされるのです
以前ドイツの首相がこんな演説をしました
過去からの教訓を学ばぬ者は罰として何度も同じ過ちを繰り返す
この発言、首相じゃなくて、ワイツゼッカー大統領だと思われるので、ワイツゼッカーの方を描きました
ドイツではベンツ社のような大企業でも強制労働させたユダヤ人に賠償金を払い続けているそうです
小林さんもドイツ人の爪の垢せんじて飲んだらどうです？
小林さんは日下公人氏の文章を引用して
日本国家が…した行為ならそれを示す文書が残っているはず
と言ってますがやきが回りましたか小林さん？
人間はなぜ戦争をするのか
日下公人
これってネオナチの論法と全く同じですよ
ユダヤ人虐殺を命じたヒトラーの命令書は存在しない 故にヒトラーはユダヤ人が殺されているのを知らなかったはず
…とそっくりじゃありませんか！

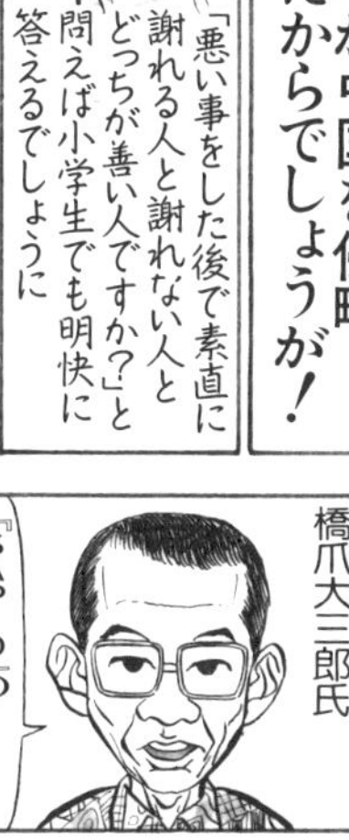

そして毎日新聞
8月20日・夕刊では
「雑誌を読む」
というコーナーがあり
ここでもわしが
とりあげられている

その中で
わしの気になった
言葉を
次に
書きとめておく

橋爪大三郎氏

『SAPIO』の
小林よしのりさんの
「従軍慰安婦
カマトトマスコミを撃つ」
は ジャーナリストが
従軍慰安婦の
証言の裏付けを
取っていないことを
問題にしています

山下悦子氏

議論が男性中心に語られていることに
不満を持ちました 小林さんの
従軍慰安婦問題に対する考え方にも
男性的な視点があり 慰安所と
一般の性的な戦争暴力を
一緒に語ってしまうのは
納得できません

むしろ従軍慰安婦問題は
戦争時の暴行・性的虐待を
国際法で取り締まるという
今の世界の流れの中でとらえるべきで
日本の女性も他国の軍隊に暴行を
受けたからという理由で
免罪となるものではない

単純に経済効果だけから
考えても アジア諸国の
不信を抱えたまま
日本の経済が順調に
この地域に根付くとは
考えられません

わしは橋爪さんの意見にも
山下さんの意見にも反論が
あるのだが ページが足りん

今回 まず描いとかねば
ならぬことがある
わしが勉強した
日本軍の
慰安所と
いうもの…
それは
なぜ作られ
どの様なもので
あつたか という
イメージだ
それを今から描く
日本軍が
敵軍を打ち破って
ある村に
攻め込んでいく
兵士は
理性をはずし
敵を殺して
殺しまくる

味方だって
殺されるし
自分だって
殺される
可能性がある
極限状況…
もう何年も
祖国・日本から
遠く離れた
この地で 生死を
懸けている
……
生きて帰れるのか
どうかもわからない
この地で
死ぬのかも
しれない
親兄弟にも
恋人にも
二度と
会えぬまま
……
理性をはずして
野獣となって
攻め込んできた
村に女がいる
敵の女だ
まともに処理できぬ
性欲を解放できる
チャンスだ
暴行が
始まる
民間人に
対して
無秩序だ
それを防ぐ
手段が
1つある
慰安所規定
一、本慰安所ニハ陸軍々人
軍属ノ外入場ヲ許サズ
一、入場者ハ必ズ受付ニ
オイテ料金ヲ支払ヒ
之ト引替ニ入場券
及「サック」一個ヲ受
取ルコト
「慰安所」
である

「慰安所」が
秩序を
とり戻し
現地の
民間人への
暴行を防ぐ
唯一の
手段なのだ
そこでこれを
商売に結びつけようと
活躍するのが
現地の売春業者だ
さっそく軍のための
「慰安所」を作り
娼婦を公募し
経営をし始める
あくまでも経営したのは
軍でなく民間の業者だ
兵士は一回ごとに
料金を払っていて
慰安婦の収入は
当時の大卒者の
10倍!
一般兵士の
百倍の収入を
得ていた者も
多かった
2～3年働けば
故郷に家が建った

しかし中にはたちの悪い業者もいて…
また貧乏ゆえにわが子を金で売ってしまうような親もいる
売られた娘は何も知らずさらわれてきて日本兵に犯されたと思い込んでしまう人もいただろう
つくづく気の毒とは思うが 悪いのは現地の業者と売った親なのだ
そんな悲劇も生みながら多くの娼婦はプロとして大らかにかせいでいた
中には日本兵と恋仲になった者までいる
兵隊が移動すると食えなくなったら困ると娼婦たちは必死で兵隊について行ったりした…
とにかく軍が駐留する地には床屋からとうふ屋から慰安所まで
そこで商売になるもんだから一つの町の様に何でも作られていたのだ
大和
バーバー
ザンギ
銀座會館
慰安所の衛生と施設管理面はこれは軍が関与せざるを得なかった
大切な兵士たちに性病がまん延したりしたら大変なことだ軍医が厳しく検診した
こんなエピソードもある
集められた慰安婦の中に軍医が20歳の娘で処女を発見した
軍医はこの女を助けたいが金がないと中佐に相談し…
中佐は将校たちに呼びかけ救出資金を集め…
八
九
慰安所の責任者と女の監督や金銭収支の担当者を呼びつけ…
生娘をこんな所へ持ってくるとは誘拐の嫌疑をかける!
と叱りつけ
娘を船に乗せて帰したのである
悪い仲介人に売り飛ばされてきた娘は泣いて喜び…

娘が島を去る時 慰安所の女たちが わがことのように 喜んで 泣きながら 見送ったという
一部の反体制ジャーナリストや 弁護士や市民団体… そして勉強する気のない バカなマスコミのせいで
慰安婦といえば とにかく悲惨な 被害者という
全く一面的な イメージだけが PRされてしまった
国内にも… そして国外にも…
今 歴史が歪められ 日本国の内外から ウソの歴史が押しつけ られようとしているのでは
「軍隊と性」…それは 世界中 どこの国でも 切り離せない リアルな問題だ
朝鮮戦争当時も 韓国軍の 基地のそばに 慰安所と同じような 売春施設があったし…
ベトナム戦争時 韓国の兵隊は 7000人の 混血児を残して 放ったらかしている
今も韓国の 東豆川の米軍基地には 洋郎とよばれる 韓国人の慰安婦が 働いているのだ!
現地の 民間女性を 守るための 知恵…
無秩序を 秩序に戻す 知恵…
それが慰安所 ではないのか?
それでも 慰安所は なかった方が よかったと 言えるか?
ごーまんかまして よかですか?
さあ 朝日新聞が 正しいか? 産経新聞が 正しいか?
慰安婦が ホントに〝従軍〟 なのか? 〝性奴隷〟なのか?
政治家の 謝罪外交は このままで いいのか?
我々で 結論を 出そう!

当時は、あまりにも慰安婦は「かわいそうな被害者」というイメージが定着していたため、最初は極力わしが意見を断言する形式を避け、読者の感覚をニュートラルに戻すための情報を提供するような描き方をして、「読者参加」で進める予定だった。
しかし、わしの予想をはるかに超えて読者の理解が進んでいたため、これなら旗幟鮮明にしてガンガンやった方がいいと腹を括ったのだった。

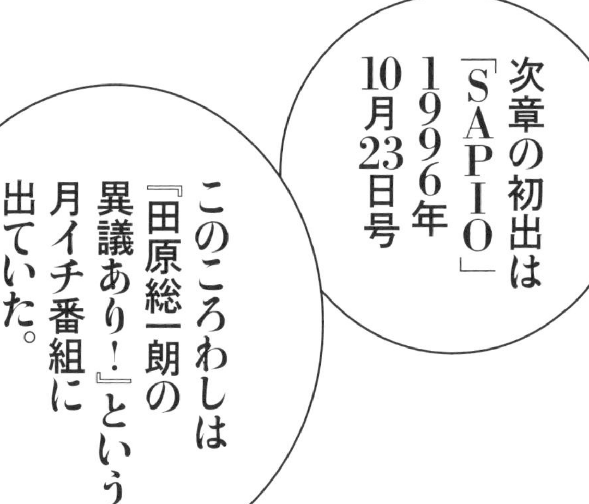
次章の初出は「SAPIO」1996年10月23日号
このころわしは『田原総一朗の異議あり！』という月イチ番組に出ていた。

この番組ではこの後、サヨク市民団体4人と佐高信に対してわし1人という前代未聞の5対1ハンディキャップ討論をやってわし圧勝という歴史的事態をまき起こした。

第3章 心からの謝罪の無意味

月一回『異議あり！』というテレビ番組に出ている
9月13日の放送はゲストが辛淑玉氏だった
「戦争責任と謝罪」がテーマで「日本人の韓国への謝罪の仕方に異議あり！」だと言う
日本の政治家が何度も何度も謝っても まだ韓国人が許さないのは「心のこもった謝罪の仕方」を日本人ができないからだと言う
彼女はやたらパフォーマンスにこだわる
文面を読んではいけないとか…
ふつうの言葉で心から話すとか…
ひざをついてふるえながら涙流さんばかりに感情表現豊かにあやまるとか…
ごめんなさい
わしにはさっぱりわからない
うまいこと態度（パフォーマンス）で示すことができれば許してくれるとはど――しても思えない

「心のこもった謝罪」がいっちゃんうまかったのは細川元総理だったと辛淑玉氏は言う
あれは韓国民に謝罪の意が伝わったそうだ
おおっ伝わったのか!
わしは思うが 政治家が自分の立場を考慮せず持論をうかつに報道記者の前で言っちゃうのは そもそも「政治」がヘタってことでプロ失格だ
しかしその閣僚の〝オフレコでしゃべった持論〟をわざと韓国のマスコミに流して 韓国内で問題化させ
日本国内の新聞に逆輸入して〝オフレコ持論〟を〝妄言〟として報道する…
そんなジャーナリストはプロ失格どころか日本国民の〝恥〟である!

だったら韓国民は日本をもう許してくれたの?
とわしが問えば…
その後の閣僚が妄言を吐いたからダメなんだそうだ
そもそも大東亜戦争に対する考え方だって「侵略」というやつ「侵略じゃない」というやつ色んな考え方の者がいるのは当然だ
それを「日本人は 全員〝侵略で謝罪〟に思想統一せよ」とせまるのは 全体主義である

日本人 個々には色んな考え方の者がいるから国家が代表して謝罪するのもヘンだと思うが 政治的には総理や閣僚がすでに謝ってしまった
細川も 河野も 村山も…
次から次に一体何べん謝りゃ気が済むんだ?
この上「民主党」とかいう社民・さきがけの半分党まで まだ「戦争責任で謝罪」の綱領を掲げている
そうやって謝罪の叩き売りすることに 本当に意味があると思ってるのだろうか?
わしは薬害エイズの運動をやってて どうしても原告がこう言い続けるのが解せなかった…
ほんとうのことを話して…
心からの謝罪をしてほしい!
わしはこう思っていた…
謝罪なんかしゃらくさい
あいつらぶちこめ!
原告は安部英が本当のことを話したら何もかも水に流して許せるのだろうか?
確かに非加熱製剤にエイズが入っていることを知っていながらもう手遅れだ何人か死んでも仕方がないと思い打ちつづけたんでございます

だって厚生省が私のエイズ患者の認定してくれなかったからアタマきておりましたし…
製薬企業からお金も欲しかったんでございますから
まことにすみません
許すはずがない！
やっぱりぶちこまねば！
「心からの謝罪を」というのは相手が善人であることを期待してるか
自分が善人に見られたいためのブリッコのセリフだ
まさか
薬害の再発防止のために本当のことを話してくれたら私はあなたの罪を許します訴えはとり下げます
原告
などと言えるだろうか？
もちろん言えるわきゃないし言う必要もない！
あのミドリ十字の幹部たちは加害責任まで認めさせられていたにもかかわらず
それでも土下座を強要され
その姿を日本国中にさらし
妻や子供や社員にもそのぶざまさを目撃され
ほとんど人間としての尊厳を踏みにじられる集団リンチにあっていた
そこまでの加害者が示した「謝罪態度」を被害者は許したか？
否！やはり許さずに…水に流さぬまま…
現社長・前社長当時の社長３人がすでに逮捕されている！
「殺される」ほどの被害者の恨みはそういうものだ
心からの謝罪など無意味！
金払ってもらわにゃ務所入ってもらわにゃ気が済まない！
「恨み」は基本的に『やったことをやり返す＝復讐』を行使しないと晴れないのだ！

いや それどころか たとえ加害者を 死刑にしたって…
それでも 私の殺された 家族はもう 帰ってこない
私の病気が 治るわけ ではない
…と言い出す 可能性だってある
結局「恨み」は 永久に 絶対に 晴れない可能性も あるのだ！
人間とは それほどやっかいな 生き物なのである
被害者が 「心からの謝罪」など 求めるのも無意味
加害者が 「心からの謝罪」に トライしてみようと するのも無意味
『法』は心の中まで 強制することは できないように なっている
真の謝罪など 強要せず 刑罰で 踏みとどまっている
『法』を超えて 真の謝罪を 要求できるのは 神だけ
人間が それを やろうとすると 「洗脳」になる 危険がある
およそ被害者の 加害者に対する要求は 次の３つだろう
①謝れ
②金払え（賠償しろ）
③ぶちこめ（罪の償いとして 監禁されるか 死刑になれ）
薬害エイズや 地下鉄サリンの 被害者は ①「心からの謝罪」 など要求せず ②と③ つまり 「金払え」と 「ぶちこめ」を 要求するしかないのだ
さて ではこれが 国家間の問題に なると…
韓国は 日本に対して 何が要求 できるだろう？
恨みは謝罪では 晴らせんことが わかったから ①はダメ
では③の「ぶちこめ」は 要求できるのか？
番組を見て 東京都の 梶浦靖子さんは わしに激怒して こう書いてきた
あなたの神経が いかに粗にして 野にして大いに 卑であるか さらけ 出しましたね
私はこれまでにも2度、手紙を出させていただき、その中では「先生」とお呼びしていましたが、これからは「あなた」または「小林さん」と、非常識にならない、ぎりぎりの呼称を使わせていただきます。
実にまったく墓穴を掘りましたね。

「謝ったって許せるわけないと思うよ 意味ないよ ぶち込むしかないよ」と あなたの言う論理で言ったら すぐさま 戦争に突入するしかないんじゃないですか？
日本という国をぶちこむ檻は ありませんから 日本に核ミサイルでもぶちこむとかね！
まさしく そのとおり！
本当は 戦争も外交の一手段だから 核ミサイルぶちこむのもアリなのだ なぜそれがやれんのか？
薬害エイズやオウムのように国内の悪には
「ぶちこめ」の復讐権が行使できるが
国家間では
国益上
それがやれん場合があるのだ！
韓国の国益上
日本に要求できるのは②の「金払え」しかないということになる
ところがこれも日韓条約で当時の日本の外貨準備高の半分をすでに払っているから問題なんだな…
日韓 懸案すべて解決
番組中 あまりに延々と辛氏が「心からの謝罪が伝わる態度が大事だ」と言い張るので わしは、とうとう言うことにした…
これを言うと 絶対 エセヒューマニストが 悪意でとらえて 激怒する
はっきり言いましょうよ お金でしょう
まずお金でちゃんと自分達を手当してくださいとね 賠償金をくださいと
案の定 辛氏は こう言い出した
私はね それは 小林さん
あまりにも 人間を ぶじょくした 言い方だと 思います
危険なセリフだが このままじゃ テレビ見てる人もイライラ してるだろうし…
議論を深めるには 誤解を恐れず わしが言うしかなかろう
たて前で 心からの謝罪がないとかいう 言葉を吐いていくから ややこしくなるんでしょ？
彼女たちは 日本の中でね 今言ったみたいに「金が欲しいからだろう」と 言われることは…
どうやら話が いきなり 個別具体例の 従軍慰安婦に スライドした ようだ

従軍慰安婦さえ持ち出せば 今の日本では絶対正義の被害者
テレビの視聴者はこの絶対被害者と「金」を結びつけて語るやつを悪人と見るに違いない
金がほしいからだろう
と言われることは…
彼女はそう考えてわしの言葉を「金が欲しいからだろう」という よりろこつなセリフに恣意的に変質させてきた!
わしは 彼女のところに脅迫や抗議がいかないように 番組中視聴者に向かってこうクギをさした
くだらん差別心から辛さんのところに脅迫文送ったりするバカな日本人は断じていかん!
なのに彼女は今わしを悪党に仕立てあげようとしているのだ!
あの ちょっと恣意的な言い回しがあるでしょ
「金が欲しいからだろう」とさも汚そうにあなたは言ってるけど
「私達の今までの苦痛をいやすための賠償をしていただけませんか」という言い方だったら汚く感じないでしょう?
辛氏はそれでも名誉のぶじょくとか人権とか言い続けていくのだった
いつもいつもわしはこうして守った人間から裏切られる
そしてわしのところに抗議の手紙が来た
あなたって本当に人の心というものがわかってないんですね まるでフランケンシュタインのようです「金が欲しいからいつまでも許せないってゴネてんだろ? ほらやるよ 持って行きな」と札束を放り投げて終わりにしようとするとは…
ふざけるなこの——!
我こそは正義と思い込むためには人をおとしいれようとまでしやがる卑怯者めら!
謝罪したって許さん!

日本の政治家はかくも無意味な…
どうせ許されるはずもない「心からの謝罪外交」に
一体いつまでトライし続けるつもりなんだ?
謝罪します
謝罪します
謝罪
民主党は今度自民党と連立したら
試しに土下座して泣きながら足でもしゃぶってみるがいい
ますます信用ならん国だと思われるだけだ
大体そうまで謝罪にこだわるならいっぺん「地図」見てみい!
日本は頭の方の北海道をくいっと朝鮮半島の側に下げて腰曲げて…
ちゃんと国土ごと謝ってるじゃないかっ!
これ以上すごいパフォーマンスがあるか!?
いいか わしの考えでは日本が日本なりの理念を持ち事情があったとしても
アジアを侵略したのは間違いない
これは居直って言うのではない
日本はこのことを原罪として背負っていかねばならない
そしてアジア諸国に対する償いは今後つきあっていく時に日本人一人一人がマナーある毅然とした対応をしておけば良いのだ
サッカーくらい韓国の好きな条件でやってもらうとか…
しかし試合は容しゃなく勝つとか…
特にわしが望むのはアジアに女・子供を買いに行くオヤジを処罰する法を作るとか…
とにかく「許してください」「うしろめたい」「私は善人ですから」と卑屈につきあっていくのは まっぴらだ!
こっちのマナーが毅然としてなきゃむこうも大人になれんだろうが!

そして日本は侵略した事実は認めた上で「自国の歴史の検証」をやり直すべきである
歴史を知らねばマナーに背骨が通らんだろう
辛淑玉氏が言ってるようなマニュアルになってしまう
マニュアルとマナーは違うのだ！
あの戦争の中で「やむなかつた点」「りつぱな点」「恥ずべき点」
色んな角度から見れないと歴史から学んだことにならない
戦争責任の問題は奥が深い
だからわしは薬害エイズの運動の最中「戦争責任の問題と安易に結びつけるな」とずっと警告してきたのだ
あやまってよ厚生省
アジア侵略責任を認め救済せよ
「絶対謝罪主義」「日本悪玉論」にこり固まった単細胞人間こそが
またあの戦争への道を回避できぬ当事者なのである
謝罪せよ!!
沖縄で被害者を見た
おおかわいそう
国家謝るべし
従軍慰安婦と証言してる人を見た
わおかわいそう
国家謝るべし
ごーまんかましてよかですか？
なんとかしろその単純脳！
慰安婦問題は却ってわしの近・現代史への興味に火をつけてしまった
わしはわしのルーツたるこの国の歴史の実相が知りたい！
みんなもそう思わんか？

この章の中では「アジアを侵略したのは間違いない」と言っているが、その後、単純にそう言い切れるものではないと思うようになった。
そして、ここで火がついた近現代史への興味は、『戦争論』に結実することになるのである。

慰安婦は「従軍」ではない

最近では、「従軍慰安婦」という言葉はあまり聞かなくなり、単に「慰安婦」というのが普通になってきた。ようやく「従軍慰安婦」とは誤用に基づく言葉だということが常識になったらしい。

そもそも「従軍」とは「軍属」にしかつかない言葉である。

軍属とは、軍隊に所属する軍人以外の人のことで、技師や法務官、通訳といった専門職や、日常の事務作業の担当者である。戦闘に積極的に参加はしないが、軍人とは異なる独自の制服や階級が制定され、軍人同様に恩給や勲章授与の制度があった。そして戦地で死亡すると軍人と同様戦死とされ、靖国神社に合祀された。

その職種は実に幅広く、海軍規則では専門・技術職の「文官」の下の階級である「雇員・傭人」に、以下のような職名が決められていた。

理事生、技工士、運転士、裁縫士、製糧士、調理士、調剤助手、医務助手、看護婦、守衛、栄養士、通弁、保健婦、技療士

記録手、軍用郵便手、兵器手、機関手、電機手、工作手、潜水手、操船手、靴工手、彫刻手、印刷手、経師手、運輸手、警防手、倉庫手、運転手、裁縫手、製糧手、割烹手、烹炊手、製剤手、養成看護婦、線路手、電話手、理髪手、洗濯手、衛生手、用務手、番人、従僕、給仕

ただし、これらの軍属が必ず配属されていたわけではなく、職種と状況によっては民間業者に委託する場合もある。その場合は、同じような軍に関わる仕事をしても「軍属」ではない。

いずれにしても、慰安婦が軍隊に「軍属」として所属し、軍から階級をもらい、軍の規則に従って行動した例など一つもない。あくまでも慰安婦は民間業者に雇われた、民間人である。

したがって「従軍看護婦」や「従軍調理士」、「従軍洗濯手」などはあっても、「従軍慰安婦」というものは、本当は存在しないのだ。

第4章 老若男女・慰安婦問題大論争

手紙を読んでいる
バイク便でーす
ギクッ
先生ぴゃんまた従軍慰安婦の手紙が5袋も来た～～あ
…なんつーシャレかましとったら怒られそうな熱気でとんでもない数の手紙が届く
どーやって読めばいいの？
手紙を読んで手紙を読んで手紙を読んで…
手紙を読んでいる
いあ～～～～んぷ
もう じゅうぐんはじゅうぶんだァ
これは…とんでもないことが起こってるんじゃなかろうか？

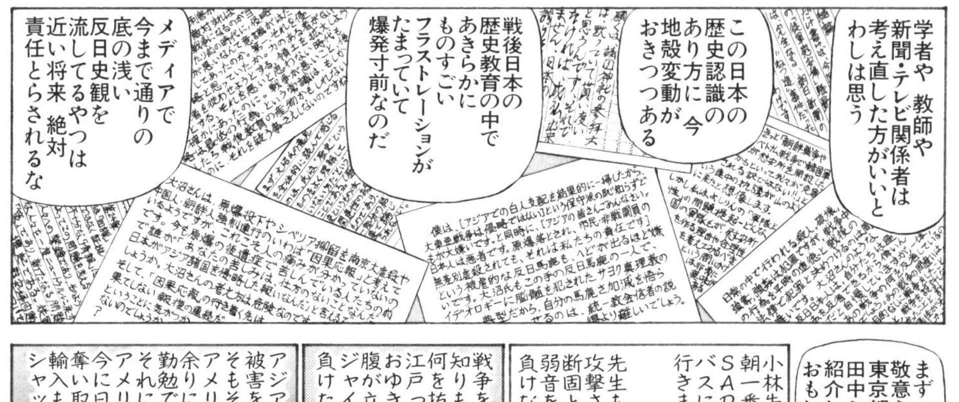

学者や 教師や 新聞・テレビ関係者は 考え直した方がいいと わしは思う
この日本の 歴史認識の あり方に 今 地殻変動が おきつつある
戦後日本の 歴史教育の中で あきらかに ものすごい フラストレーションが たまっていて 爆発寸前なのだ
メディアで 今まで通りの 底の浅い 反日史観を 流してるやつは 近い将来 絶対 責任とらされるな

まず やはり戦中派に 敬意を表して 東京都の 田中さんの文を 紹介したい おもしろいよコレ…

小林先生 初めまして 朝一番で SAPIOを買いに バスに乗って新川迄 行きました
先生も大分 攻撃されてる様ですが 断固として 弱音を吐かないで 負けないで下さい

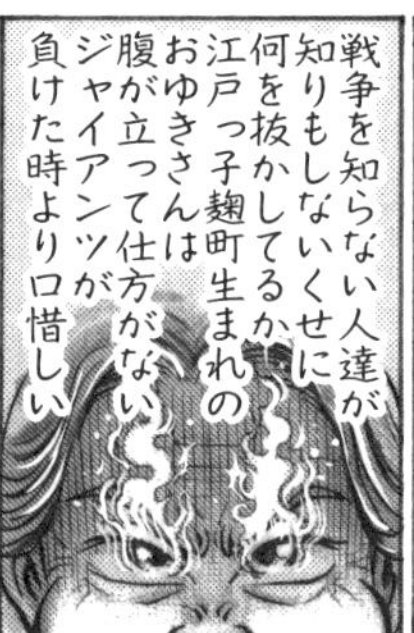

戦争を知らない人達が 知りもしないくせに 何を抜かしてるか 江戸っ子麹町生まれの おゆきさんは 腹が立って仕方がない ジャイアンツが 負けた時より口惜しい

アジアの人達ばかりが 被害を受けたんではない そもそも五十年前の アメリカとの戦争は 余りにも日本人が 勤勉で能力があり それに対して アメリカは恐れおののき 今に日本に 奪い取られるのではないかと 輸入も輸出もできない様に シャットアウトしてしまった

さあ日本は 孤島になってしまった さあ これでは 生活ができない 大国に逆らう者はいない 少しばかりの国を残して 皆 アメリカに加勢した
そこで日本人の ハート中に 稲妻の様に 神風が走って 皆ルックスが 変わった…

いいな〜〜 戦中派の意見は 生々しいよ やけに気に入っちゃった コレ…

大沼さんの全般の要旨は
「よその国を 侵略した 日本人の罪は 戦争で 悲惨な体験を したからと いって免罪に なるわけでは ない」
ということのようですね
自分で戦争 しかけといて 何が自分も 辛い目に あっただ!
何で日本女性が 満州にいたんですか?
日本が中国を侵略 したからでしょうが

わかったか ヤングたち! 日本だって事情があって 戦争しちゃったんだぞっ
皆ルックスを 変えてな〜〜っ

では2章の 大沼さんへの反論を まず東京都の 陶山徹氏にやってもらう 江戸っ子おゆきさんの 溜飲を下げてくれ

しかし これは明らかに あなたの勘違いで 小林さんは 免罪になる と言っているのではない
私も 日本には他の列強諸国と 同じ程度には侵略の罪が あると考えています それ以上は ありませんが

感情的にならずによく読んでみて下さい
要旨は
「強制連行は本当にあったのか？」
という点に尽きるのです
あなたが懸命に糾弾している日本人の悲惨な体験云々は読者が客観的に読めるよう資料として提示しているだけの部分です
また中盤で「日本国家が…した行為なら それを示す文書が残っているはず」と小林先生が引用しているのを
「ユダヤ人虐殺を命じたヒトラーの命令書は存在しない 故にヒトラーは知らなかったはず」
というネオナチの論法と同じと決めつけてますが
これも強引な論法で明白な誤りです
慰安婦問題は強制連行の事実そのものの有無が問われているのに対し
ユダヤ人虐殺は 事実それ自体に議論の余地はないからです
あなたは明らかに次元の違う話を強引に並べているだけです

だいたいナチのユダヤ人虐殺には反ユダヤ主義という動機が存在しているのに対し人種政策のなかった日本の場合金で集めることのできる慰安婦を強制連行で集める動機がそもそも存在していないのです
わかり易く説明すると
日中戦争当時軍首脳を悩ませていたのは現地部隊の兵隊による相つぐ暴行強姦事件の発生でした
そのことがせっかく占領した地区の反日気運を助長し住民を八路（パーロ）軍側に追いやる一因となってしまうことを恐れた軍首脳は強姦事件を起こした兵には厳罰で臨んでいました
しかし部隊ぐるみでもみ消しが行なわれる例などもあって実際には大した効果がなく
抜本的な解決を図ろうとして慰安所を開設したのです
性病対策を併せて行なわれることも期待されました
それで慰安婦を集める必要が生じたのですが 当時は今と違い貧しい家庭が少なくなかったため小林先生が既に描いたとおり金で簡単に慰安婦を集めることができたようです
それを強制連行で集めてしまっては住民の反日感情をますます高めてしまい慰安所を開設した意味がなくなってしまいます
強制連行の動機がないとは これです
以上より当時の事情を総合的に考えると 私としては今のところ
「強制連行はなかった可能性が高い」
と判断せざるを得ません
従ってそれに対する謝罪も必要ないと考えます
もちろん大沼さん あなたが強制連行があったことを論理的に説明できるというのなら話は別ですよ
ただ いずれにせよ当時の慰安婦の置かれた過酷な状況には十分同情し気の毒には思いますが
大沼さんがそれでも強制連行は事実と考え慰安婦に改めて謝罪したいとお思いなのであれば
私はあなたと違って怒ったり妨害したりはしません
どんどん謝罪して下さい
小林先生が強制連行の事実に疑問を述べただけであれほどの中傷と偉そうな説教を垂れたあなたのことです
さぞかし それこそ全財産を投げ打つほどの頭を丸めて全ての自称慰安婦に土下座してまわるほどの謝罪をやっているのでしょう
私は毎朝 新聞をなめ回すように読んでいますが
そのような記事を一度も見たことがないのはきっと私の読み方がまだまだ足りないせいにちがいありません
陶山くん 夕刊までルックスを変えて読んだら載ってるかもよこんな記事が！
朝新聞
大沼さんルックスを変えて謝罪行脚

東京都の伊藤耕氏は言う
大沼さんは札幌の方だそうですが 大沼さんはアイヌでしょうか?
「なんで満州に日本人がいたの? 侵略したからでしょう」と言ってますが
「なぜ日本人が北海道にいるの?」という問いにどう答えます?

うむ大沼さんがアイヌでないなら アイヌに謝って北海道から出て行かにゃいかんな

過去 侵略は成功したことはなく それは成功したら誰も侵略とは言わないからです
侵略
逆に言うと「世界は侵略の結果でなりたっている」…とも言えます

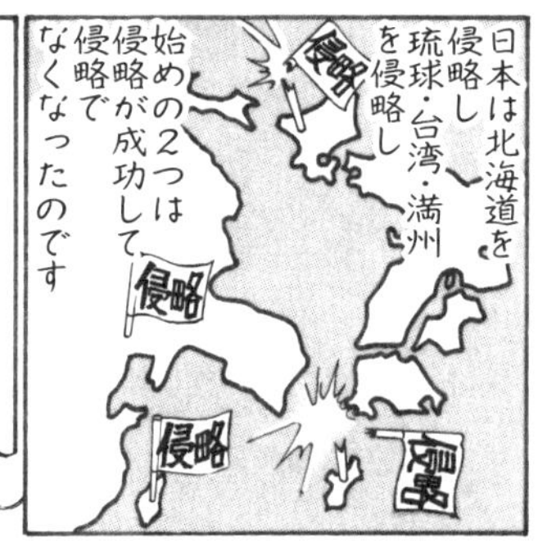

日本は北海道を侵略し 琉球・台湾・満州を侵略し
始めの2つは侵略が成功して侵略でなくなったのです
侵略
侵略

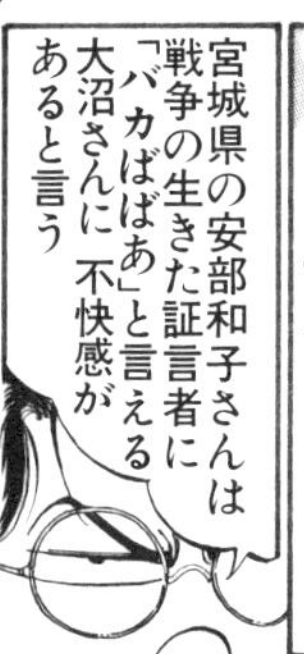

宮城県の安部和子さんは 戦争の生きた証言者に「バカばばあ」と言える大沼さんに 不快感があると言う

その「ばばあ」たちのお陰で 今の日本があると思います
私たちはその苦労の上にあぐらをかいて 毎日 何に感謝することもなく
食事をし 学び 恋をして 老人をバカにし
まるで自分が立派だからここまで生きてこられたかのような錯覚をしている

「平成の一軍人」と称する自衛官も 大沼さんに反論

1 日本の満州進出は侵略ではない

その頃の満州は清朝が衰退して無政府状態だった

列強が植民地を持つのが普通の時代に 経済封鎖された日本が そこに権益を拡大する以外に生きる道がありますか?

「侵略」という人は 当時の日本に選択可能な代案を出す義務がある

当時 そこに住んでた邦人は移民です 何の罪もない

大沼さんは不勉強のためにうすっぺらい情報を妄信したままの状態のようだ
ドイツの首相も言ってるぞー！
国連でもモンダイにしてる
侵略
○国連の人権委のクマラスワミ報告がテークノート（留意）され事実上 不採択されたことを知らぬ
○ドイツのワイツゼッカーの言葉の真の意味を知らぬ
○満州進出の意味を知って考えてみたことがない
勉強し直すしかない！
今回 寄せられた手紙を見ると…
強制連行なかった派が8割
強制連行アリ謝罪すべし派が2割である
無
有
世論とえらい違いになるのはなぜだ？
問題は「強制連行なかった派」が圧倒的に理論的であるのに対し「強制連行アリ派」はやたら情緒的で議論が成立しにくいことだ
有
無
産経は論説委員が実にていねいに答えてるのにこの朝日の態度はなに？
ひっでぇな〜〜〜
全部「紙面の通りですのでご覧いただきたい」だぜ！
完全な官僚答弁じゃないか！
アカウンタビリティを果たしてない
慰安婦
これを読んでご意見を
厚生省も支える会も朝日新聞もみーんな組織を一枚岩にして閉じていくだけで「組織のためにも 私がきっちり説明しよう」という個人は一人も現われなくなる
支える会
「SAPIO」10月9日号の朝日VS産経の記事でも「強制連行アリ派」の朝日は 完全に逃げている
官僚批判してる新聞がこれじゃやばすぎるんじゃないか？
わしは別に産経寄りだったり朝日寄りだったりしない
ちゃんと自分の頭で考えるから「説得力ある言葉をくれ」と言ってるだけだ
最近日テレの『ドキュメント'96』を見て「それ見ろやっぱり強制連行じゃないか」という手紙が来る
このドキュメントのいかがわしさは「SAPIO」編集部が暴いてるが…
Ianfu
インドネシアの場合には

驚くべきことに番組中の字幕と元・慰安婦のしゃべってることが違うのだ！
オランダの車いや日本の車に乗せられたんです
日本兵に車に乗せられたんです
「日本兵」と言ってないにも拘わらず 字幕で「日本兵」と入れたり…

この建物は当時のままですか？
Sudah lain
（もう ちがう）
慰安所になっていた建物
この慰安婦の答えを通訳が
この建物がそうなんですよ
と訳したり
今おばあちゃんが一番つらいことは？
…の質問に慰安婦は……
お金じゃなくキップだけ残して帰ってしまった
Koreanya Siapa?
（あの朝鮮人はだれ）

なんと「あの朝鮮人はだれ？」と言ってるのだ!!
しかし番組ではこの「朝鮮人」を訳さずに隠してしまっている！
「日本兵」は無理に入れ「朝鮮人」は隠した！これをねつ造と言わずして何と言う!?

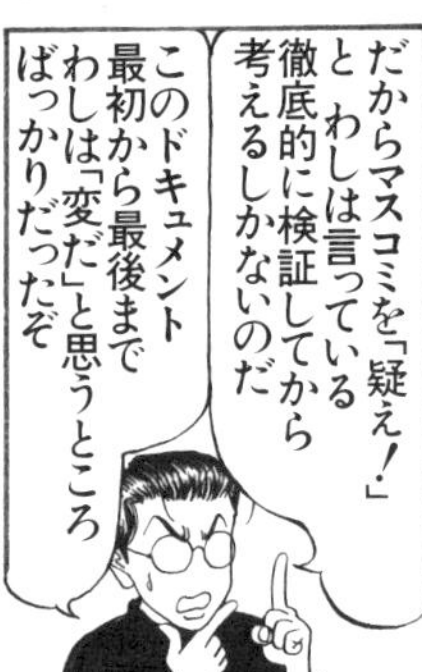
だからマスコミを「疑え！」とわしは言っている
徹底的に検証してから考えるしかないのだ
このドキュメント最初から最後までわしは「変だ」と思うところばっかりだったぞ

マスコミを使ってこの様な反日的活動をしている一派がいるのだ
NHKでまた11月頃 インドネシアでこの手のドキュメントを作ろうという動きもあるらしい
東大教授の藤岡信勝氏がインドネシアまで行って真相を暴いてるからこの人には注目していよう！

横浜法律事務所の三木恵美子弁護士から「あなたの事実認識のあやまりについて指摘する」と手紙が来た
横浜法律事務所と言えばわしが命がけで仇討ちを手伝ったあの坂本弁護士の事務所である

『ニュース23』に出た元・慰安婦の訴訟代理人をしてるらしい
なんで日本兵が「いい娘がいる」と言ったのを中国人の少女が理解できたんだ？という疑問に三木氏はこう答える……
ある日家に突然日本の兵隊がいって来て
「いい娘がいる」と言って私をさらっていったのです

「日本兵は通訳として山西省の別の地域出身の中国人を同行していました」
あとはこの元・慰安婦の証言の内容がつづられている
いい娘がいる
一体わしの描いたことのどこが事実誤認なんだろう？あなたも弁護士ならまずどこが事実誤認なのか正確に指摘してほしい

逆にこっちの疑問はその「通訳がいた」説を信じたとしても…
ガハハ！こいつぁ上玉だ！
噯呀、好極了！她是個美人！
「女狩り」するのに「通訳」をつける必要があるのか？ということだ
□□□□□
△△△
「通訳」は何か交渉する必要のある場合しかいらんのではないか？

「あのやさしかった小林さんが なぜ？」と女書いてくるヤツがおるが、バカじゃないのか、ホンっとハラたつわ。ハラたってハラたって、そこら中の女、犯して妊娠させて認知せずに逃げたいわ。いや〜〜ハラたつ〜〜。カラオケでノリピーの「碧いうさぎ」歌いてーーーェ。

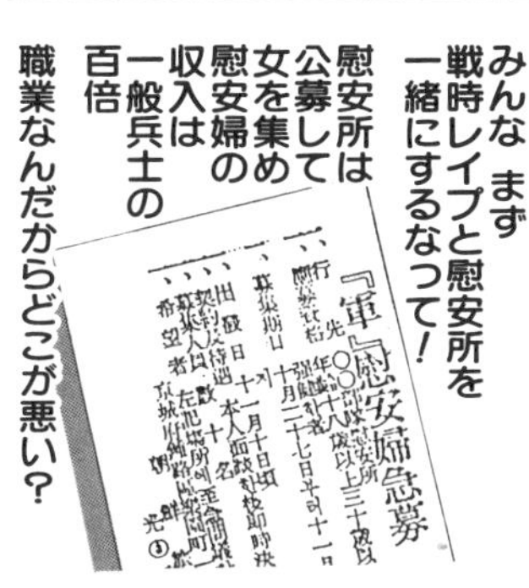

わしは今
重大な疑問を
持っている
オウムの時も
薬害エイズの時も
何とか間に合ったが
今度は
手おくれかもしれん
やばいことに
彼らはすでに
政治家の脳も
汚染していて
民主党も
新進党も
そして自民党まで
感染させられて
危機的状態だ
救いはどうやら
ゴー宣の
読者だけだ
また一方 わしが
「侵略だった」と書けば
これにも怒ってくる
一派がいる
「侵略か否か論争」は後だ
今 それをやってたら
無茶苦茶になる
今 この時期に
慰安婦問題で日本国を
謝罪させようとする
勢力の裏に……
もしかして
左翼拡散型の
反日イデオロギーの一派が
市民主義を隠れみのに
暗躍しているのでは……
謝罪せよ!!
数年前
「オウムは坂本弁護士
事件の犯人じゃない」
という世論が 日本を
支配していたが
今は
「日本は悪だから
謝罪しまくるしかない」
という世論が
政界にまで及んでいる
わしは
右でも左でもない
しかし
国を愛する
気持ちはある
だから この国を
崩壊させようとする
勢力とは闘う!
オウム・厚生省と
闘った様に
純粋誠実の
ふりをして
この国を破壊せん
とする勢力は
許せん!
ごーまんかまして
よかですか?
今 この国の
危機が
見えるか?
やつらの
ウィルスに
冒されて
ないか?
大丈夫なやつは
今 しっかり
プロの牙を
研いどけよ!

慰安婦
第5章
戦場の性欲と
フェミニズム

従軍慰安婦問題で あなたに反論する
人の気持ちを教えてあげましょう
あなたはレイプされる恐怖や女の性
そして心をふみにじられる事への痛みや
悲しみを知らないでしょう
あなたはレイプする性ですし
神経も太そうだから （大阪府・田中さん）
へな へな へな
何でそーゆうこと言うわけ？
だれがレイプを大したことないって言った？
こと～～～
センセぴゃんが前回も欄外で「そこら中の女犯したい」なんて書いてたから…
あお～～～～～っ
そーゆうこと書きたいの
わしはあーゆうこと書いちゃう性格なの
どぼちて
どぼちてそんなたわむれも許してくれないわけ？

誤解されるだろうな〜〜〜
昔から男根主義者とかマッチョイズムとか言われるもんな〜〜〜
マッチョて言うけどわしの知り合いの女性はみんなわしの手や指を見てこう言うよ…
えっへっへっ…えんりょはいらねーぜ
おめーのもっとも敏感なところから…
…誤解されてもやむをえんものが…
……
……
女みたいに白くて長いのね…
その指でいろんなとこ触れられてみたい…って
そしたらセンセは何と言うわけ？
ん〜ふふ
せんでっ！
もう誤解だけはせんでっ！
しかし女性の中には「ゴー宣読むと慰安婦の話理屈ではわかるんだけど絵で兵士が女をレイプするシーン見せられるとやっぱり嫌悪感が…」とか言う人もいるらしい
すでにサヨクが「従軍」とか「性奴隷」とか「何人もで犯す」とかおどろおどろしい宣伝してるからすっかり女性が「慰安婦＝レイプ」と洗脳されている
ソープ・遊郭そして慰安所どれも自由意思で働く者もいればやむなく働く者もいた
動機はそれこそ微妙にさまざまだがやはりこれはプロ！レイプってのは失礼だ
元・慰安婦と称する人の証言だけを妄信せずに元・兵士の証言や反対論者の本も読んで自分の頭で考えりゃいいのに…
じゃ何であんな悲惨な身の上話してるのよ彼女たち
その理由も色々あると思うなァ
被害者の証言を疑うなんて鬼よ
…という人はもう宗教の域に入ってるからダメ！
いろんな文献あたって勉強するとわしはそう見えてきた
まず女性に聞いときたいのは今のソープランドや風俗で働く女も「性奴隷」で「複数の男に犯されてる」と思ってるのだろうか？
昔の遊郭で働く女郎はどうだろう？売られてきて働く女もいたが「性奴隷」で「犯されていた」のだろうか？
EXCELLENT

「被害者真理教」の信者は前回のドキュメントのウソ見破れないもの
オランダの車 いや 日本の車に乗せられたんです
日本兵に車に乗せられたんです
お金じゃなく キップだけ残して 帰ってしまった
Koreanya Siapa?
(あの朝鮮人はだれ)
それにしても女の私に理解できないのが男の性欲というものです
戦争という極限状態に置かれてなお 男というものはセックスのことが頭から離れないの?
故郷でじっと待っている妻子に対する裏切り行為じゃないの?
と 女の私は思うのですが 男性の方々はどう思われますか?
(千葉県・有田さん)
う〜〜〜ん いい手紙ではあるが…
いっぺん レイプと男の性と慰安婦について考えを描いといた方がいいよ
フェミニストがセンセぴゃんの人格ごと勘違いしてるもん
比較的冷静に慰安婦問題を読んでる女性にもこんな意見がある
…という助言にもとづいて めんどくさいが いっぺん はっきりさせとく
「レイプ」は最低の行為である!
当たり前だ こりゃ 現代の日常でも 戦時中でも 卑劣・最低の蛮行である
レイプするやつなんか厳罰に処すべきだし 女性は絶対泣き寝入りせず 他の女性のためにも訴えて闘うべきだ
もしわしが自分の女を他人にレイプされたら 地の果てまで追いかけて 務所入り覚悟で殺す!
前回も描いたが 戦時中もレイプは軍規違反で 見つかったら 厳罰に処されていた
本来その手の犯罪者は手術で去勢する罰にすべきだと思うのだが レイプするような人でなしにまで 人権がどーのとか 言い出すやつがいることが 全く解せん
人権
一つの村を占領する時 その村の娘を強姦したり さらったりすると 村人たちがそれこそ死に物狂いで反抗し始める
それは軍にとって占領の妨害になること だから 強姦事件を起こした兵士は厳罰だったのである

ただ やっぱり
戦時中のこと…
いや 今でも
沖縄の米兵も
やってるが
軍規違反で
強姦するやからは
いただろう
その時の犠牲者を
見つけてきて
裁判を起こさせてるが
これは「慰安婦」ではない
性暴力の被害者だ
加害者は国でなく
軍規違反のやからだ
すると被告はいないし
犯行後50年以上
経ってるから残念だが
時効になってるのでは…
被告
いつの時代も暴力で
女の性をふみにじる
ことは許されん!
ちなみに最近
電車内での
痴漢が 名前を
公表されることに
なったらしいが
これも実に
喜ばしいことだ

では
「売買春」は
どうか?
まずわし自身のことを
告白すれば…
わしはかつて
いっぺんも金で女を
買ったことがない!
別にそれが善行とか
言ってるわけじゃなく
神経質すぎて
買春では
ちんぽが
立たんからだ
昔 編集者と
酒飲んだ
いきおいで
ソープに
連れ込まれ
そうになったが
その時は
なりふり構わず
イヤだとわめき
ふりほどいて…
SOAP SWEET ROOM
近くのスナックで
編集者を
待ったりしてた
なさけね~~~
よかったぞー
九州の男としては
これはかなりハジを
バラしている
しかし
言っとくが
精力が
弱いわけじゃ
ないぞ
ちくしょ~
いい女は
ガンガン
くどくし…
ホレた女なら
ギンギンに
攻めまくり
イカセまくり
なんじゃけんね
ウラ~~~
せめて
この
くらい
言わせ
ろ~っ
わしの美意識から
言うと…
まず現代
国内で
女子中高生を
買うオヤジは
下劣バカだ
アジアに
女買いに
行くやつも
醜悪クズだし
少年少女を
買いに行く
やつに
至っては
国外追放
すべきだと
思う

東南アジアでは経済格差で
貧しい家の娘が親孝行で
売春婦になったりするらしい
国も外貨獲得
のために
見て見ぬふり
してたりする
だからアジアでの
買春をやめると
困るのは むこうの
貧しい人々だという
意見もあるが
わしは認めん
今は平和時で
買春は国内で できる
国内の
ソープに行け!
日本人の恥は
日本国内で
処理しろ!
…わしの美意識から言うと
こうなる

アジアはアジアで自助努力で経済立て直すべし
売春に頼るくらいなら多少 飢え死んでかまわん
わしはソープには行かんが
ソープの女性はプロとして認める
彼女のいない男 精力の強すぎるやつはお世話になればいいし わしとて老人になったり 身障者になったりして 女性にめぐまれなくなったときは 世話になるかもしれん
性犯罪をおさえるためにも 社会の役に立ってると思う
売春はかならずしも悪ではない・・認められる売春婦はいるのだ
戦時中の「慰安婦」もそうなのである
彼女たちはプロで戦場の無秩序を秩序に変えた感謝すべき人々だ
例えば満州にソ連兵が侵攻してきて女を犯し始めた時
日本兵相手だった日本人娼婦が集まって慰安所を開きソ連兵の暴行を収めたという
感謝すべき慰安婦さま…
「それにしても男って何で戦場ですらレイプすんのよ」とマユをひそめるのはよくわかる
ソ連兵は特に戦場レイプがひどかったらしい
だが もうひとつ男の戦場での性欲の傾向について考えとかねばならぬのは…
男は身体が疲労した時 死に近づいた時
子孫を残そうとして性欲が向上してくる本能がある
下品だけどあえて言うと「疲れマラ」ってやつを大概の男は経験してるから恋人か 夫に聞きなさい
うわ〜言ってしもうたなーとうとう…
なかなか現実として「紳士の軍隊」作るのはむずかしいと思うな
もともと理性のフタをはずして暴力をむき出しにするのが 戦争だもんな

ただ わしのとこに来る元・兵士の方のハガキにはこんなのがある

当時 前線に朝鮮人の業者が営業許可を求めてきました
私は南支派遣軍の担当将校で確かに許可しました
然し 国内では農村青年が徴兵され 米の生産が低下し米の配給制度が始まりました
前線に米の補給など全くありません
今日 食べる米が無いのにどうして性欲が湧きますか
貴方自身 10日も食べずにいれば 良くわかります
慰安婦を利用するほどの強性欲者は一人もおりませんでした
彼らは2回来たが商売にならず後は 来ませんでした
当時は中国には淫売屋が多く物理的 生理的に軍が強制する理由は全くありません
インチキ詐欺師に マスコミも政府も どうして正しい主張をしないのか

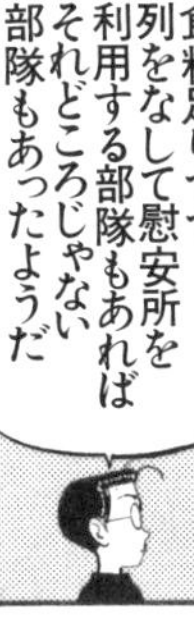

食料足りてて列をなして慰安所を利用する部隊もあれば それどころじゃない部隊もあったようだ

※韓国の首都ソウルの旧称。日本の韓国併合直後、日本によって漢城から京城へと改称された。

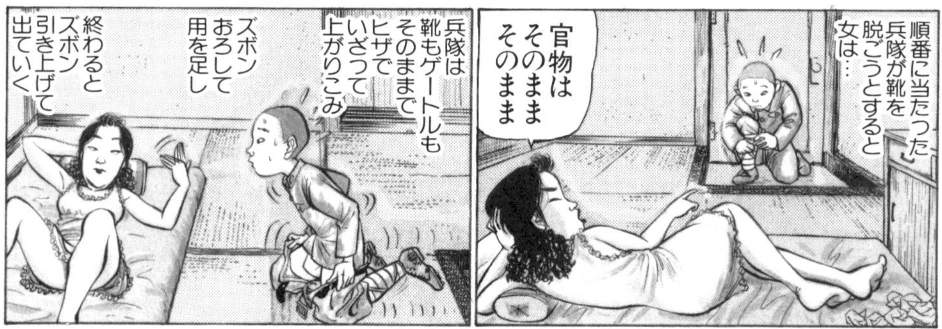

ありがとうございましたっ
主導権は慰安婦にあって兵隊の方はなけなしの銭を払ってみじめな性を買うことが多かった
慰安婦たちは洗浄に行く時間を惜しんで励み
軍医が検梅すると女たちの大陰唇は充血し腫れていた
軍医は驚いて女たちに三日間の休業を命じたが…
本日ヨリ三日間
休業

彼女たちは喜ぶどころか軍医に抗議した
平常はヒマで今は大部隊の通過を迎え盆と正月が一緒に来たようなものでこの機会に稼がねばならぬのに三日もべんべんと遊ばされてはたまらないというのである
通常は30分1円の規定なのに女たちは10分か15分で客を追い出し 2円50銭かそれ以上 払わせていた
…さあ慰安所ってのはこんなものだったらしいが…
これのどこがレイプで性奴隷なんだろう?
戦時中も今も変わらない
高収入だから売る女がいて
スケベだから買う男がいるだけだ
とにかく軍人が買うからいけない日本兵が買ったからいけない
…というやつは元々軍人差別者で日本兵のしたことはすべて悪としたいだけだ
反戦・反日 反体制 日本人のくせに日本を悪と見ることを喜ぶそんなサヨクがわしゃ嫌い!

慰安婦は業者にとって貴重な「商品」だから犯したり キズものにしたりは できない

じゃ何でTVに出てくる慰安婦の人は乱暴されたって言ってるの?

何でだろうねえ?
「純粋まっすぐ君」にはわからんでしょう
疑うことを知らんから
「純粋まっすぐ正義者」はわかりたくないでしょう
正義の快感にずっと酔っていたいから

近いうちに「慰安婦カミングアウトの構造」を描こうと思うなぜ今彼女たちが訴え出したかわかった者は手紙よこしなさい

もう一度整理しよう
勘違いしている女性のためだ
レイプなど 絶対 ダメに決まっとる！
平和時も戦争時も暴力で女の性をふみにじっていいはずない
しかし 男はだれもが紳士ではない
人間の暴力性を解放してしまう戦場にて軍規違反する輩もいる
その時現地の女性が犠牲になることがあった
ただ これだけはわしは言っておきたい
戦時中の男は明日死ぬかもしれん身の者たちだ
まだ女も知らぬ若者もいたし
最後に女を経験して死を覚悟した者だっていただろう
それを防ぐのに慰安所が効果的で
幸い 金で女の性を売りたい人はいっぱいいる
中には貧乏で売らねばならぬ人もいた
あとはしたたかなプロの女と単純な男の交渉があっただけ
そのようなじっちゃんたちの兵士の性欲の方が現代の腐れた男どもの性欲よりわしは肯定できる！
ごーまんかましてよかですか？
祖国のため子孫のため戦った男たちの性欲を許せ！
現代の戦わずして亡国の腐れ男どもの性欲を糾弾せよ！
女がそれをやるならわしは応援する
この平和時に いっぺんでも金で女を買ったやつに慰安婦を買った兵士を侮辱する資格などないのである！

現在も左翼は
慰安婦とレイプを
わざと混同させているが、
両者は全く違う！

そして、レイプは
最低の犯罪であり、
決して許されない。
この意見は
当時も今も
全く変わらない。

日本では今なお
レイプ被害者への
偏見が強く、被害者が
泣き寝入りする
ケースが非常に多い。

わしはその風潮を変え、
レイプが決して許されない
世の中にするための
作品を現在描いている。
左翼イデオロギーとは関係ない。
女性の地位向上のため。
１００％、全女性の
ためである!!

わしは現在、ジャーナリスト・
伊藤詩織さんのレイプ事件
について描いた作品をめぐり、
詩織さんをレイプした容疑で
逮捕状まで出ていながら
逮捕を免れた山口敬之から
名誉毀損で訴えられ、
裁判闘争中である。

第6章 弱者という聖域に居る権力者

弱者はマスコミに登場する被害者だけだろうか？
むしろ第4の権力と言われるマスコミで発言できる被害者をサヨクたちは人々の批判を許さぬ「聖域」に追いやって「権力者」にしてるのではないか？
そして「従軍慰安婦」という被害者もマスコミに登場する被害者だが…
被害者を疑うとは何事なの!?
韓国に言いつけるぞ！ハルモニに見せられるか？
いや強制連行とか性奴隷ってのが本当なのか検証するべきだと…
検証なんかいらん！侵略した日本軍のこったから…
あらゆる悪事をやったに決まっと——る
そんなあんた…それって人権派の人たちがよく言う
「推定無罪」とか「決めつけ」ってやつで「冤罪」になる可能性が…
うるさいわね私ら弁護士や市民団体の者がわざわざ韓国や中国や東南アジアに出かけて…
見つけてきた被害者だぞ——っ
ええっ…しかしそんなのって「見込み捜査」とかいうやつと同じで…
「犯罪やっとるに違いないんだから」という決めつけを前提にした活動とちゃうの？
決めつけていいんですとも日本軍は悪！国家は悪！
じーさんらは強姦魔なんじゃけ——ん
そんな乱暴な話ってあり？
あなた右翼なのね——っ
日本軍のやったことで悪じゃないこともあったなんて言ったら最後右翼だ——っ

何でそうなるわけ？わしは日本軍のやったことすべて悪とは思わんし…
じっちゃんたちを守りたい…
元・慰安婦さまが全身全霊で被害を訴えておられるのよっ
被害者の立場に立ってモノを言うのがスジじゃ———い
Koreanya Siapa?
(あの朝鮮人はだれ)
被害者は本当に元・慰安婦さまかな？
なにィ？
わしはマスコミで黙殺される元・日本兵こそが…
現在の被害者かもしれぬと言っとるんじゃ———っ！
祖国のため家族子孫のためと思って戦い死んでいった兵士たち…
国民世論は大いに沸き立ち
新聞は国威発揚して世論を盛り上げ…
みなであおりみなで戦い…
兵士たちを戦場に送り…
朝日新聞
我無敵海軍の大戦果
戦艦五隻撃沈
敗戦になるとその国民と子孫から
侵略者だ虐殺者だ強姦魔だと汚名を着せられ
人生を終えようとしている元・兵士のじっちゃんたち…
被害者はこっちじゃないのか？
私達は強姦魔です
虐殺しました
侵略者

『ミンダナオ島敗残記』には慰安所のシーンがこう描かれている…
二班に分かれてトラックに乗車した兵隊をつれてわたくしは北海岸アグサンの椰子林の中にある現地人慰安婦のいる小屋に向った
カアちゃんにもあえない恋人にもあえない
これが人間男としての最後のいとなみになるのだ思い切ってやってこい
…と自分にいいきかせるようにどなってみた
しかしみんなおし黙っている
わたくしはそれぞれの部屋に兵隊を一応あてがった まだ空いている部屋をのぞくと うす暗いランプの灯りに映しだされた茶褐色の肌の女がシュミーズだけの姿でわたくしを招く箱を並べてアンペラ莫蓙をしいたお粗末なベッドが横たわっている彼女はすぐ横になり戦闘開始のための準備に入っただがその両肢の脛に南方潰瘍の傷口がむきだしになっている
班長どの有難うございましたおかげで助かりました
班長どのはどうしてやらないんですか？
と帰りの車の中で問いかけられた
俺はやりたくなかったんだ
と不愛想にわたくしは答えた
何が彼等は有難いんだろうか
有難いどころか瞬時のよろこびの次には永遠の悲しみが待っているのに
…こんなふうに慰安所を利用して死んでいったじーさんたちを強姦魔と決めつける連中って一体どんな鬼畜なんだ？
ただ礼儀正しく戦いひたすら欲を捨て黙って死んでいけと言うのか？
今75歳〜94歳の男性の年間の死亡総数は21万5000人である
計算してみると2分に1人死んでいる！

※1996年当時

薬害エイズの被害者は5人に1人死んでいる
日本のじっちゃんは2分に1人死んでいる!
2分に1人だぞ 2分に1人! これは早い!
即席めんをお湯でふやかす時間内で1人死んでるんだっ
ナイーブな学生はビビって夜も眠れんようになってねーか?
…だんだんギャグになるのであんまり言うのはよすが…
大体計算してみるのがアホって声も聞こえてきますぜ…
じっちゃんが2分に1人冤罪で死んでいくのは
許せんって話じゃーーーーい!
弱者を誰ととらえるのか?
情はどっちにわくのか?
なぜ自国のじっちゃんに情をわかさず
唾吐いてまで純粋まっすぐになりたがる?
ごーまんかましてよかですか?
本当の弱者がどこに居るか見抜け!
わしは悪魔と中傷されようと弱者権力を撃つ!

慰安婦は本当に「軍用性奴隷」だったのか⁉

兵士体験記、「謝罪派」証言集から読む慰安婦たちの実生活大検証

日本の戦争冤罪研究センター所長　時浦 兼

ジャーナリズムや市民団体によって作り上げられた「悲惨な慰安所、可哀相な慰安婦」というイメージ――。
そこには、「日本は悪でなければならない」という思惑が潜んでいるのではないだろうか。
慰安婦の実相を探るべく当時を知る人たちの体験記や、思惑を排除した元慰安婦の証言をトッキーが読み解く。

「従軍慰安婦問題」の論争においては、「慰安婦の生きた実相を見つめるべき」という声がよく聞かれる。それはいいのだが、では「生きた実相」とは一体、何だろう。現在情報として流されているのは「慰安婦訴訟」の原告や、それを支援する市民団体が用意した外国人の元・慰安婦の証言だけである。このような特定の目的を持った人たちの証言だけを集めたのでは、「生きた実相」とするにはあまりにも情報が偏りすぎているのではないだろうか。

新聞・テレビに取り上げられることはないが、実際には戦時中の「慰安所」に関する証言は他にもいろいろある。例えば慰安所を管理していた軍人。性病検診などを担当していた軍医。慰安所の経営者。戦地の治安維持を担当していた憲兵。利用客だった兵士。そして、訴訟に関係していない日本人の元慰安婦。さまざまな立場の人の証言が文献に記されている。これらを総合して見るならば、より一層「慰安婦の生きた実相」が明確に見えてくるといえよう。

慰安所の黎明期

まずは「慰安所」というものがどのように形づくられていったのかを元・軍医、長沢健一著『漢口慰安所』から見てみよう。

漢口は上海、南京、徐州についで昭和13年に日本軍が占領した都市である。この進軍の際、朝鮮人業者が1軒10人ほどの朝鮮女性をつれ、売春しながら軍隊と共に移動しており、漢口に入ってからはあちこちの空き家に入りこんで兵隊を誘い、営業をしていた。

これでは風紀を害すると、憲兵隊が兵站司令部に処理を依頼。「積慶里」という住宅街を慰安所地区にあてることになり、あちこちで営業していた売春婦たちをここに集めた。

漢口には多くの兵隊が駐屯することから、上海・南京で待機していた売春業者たちは、次々漢口を目指して揚子江をさかのぼって来る。軍はこれを〝軍需物資扱い〟として運んだ。〝軍需物資扱い〟というのは、他のものより優先的に輸送されるために名目上そうしただけのことで、別に慰安婦を〝モノ扱い〟したわけではない。

こうして到着した慰安婦は司令部の指示により「積慶里」に入り、漢口陥落から1か月とかからず、そこは30軒の慰安所と約300人の慰安婦が入居する色街となった。民家2軒の壁を打ち抜いて慰安所1軒とし、床にアンペラござを敷き、部屋の仕切りもアンペラを打ちつけただけ、という急造りの施設での営業開始だった。慰安所によってはその後各部屋を数奇屋風に改装し、ひさしと格子をあしらったりしたところもあったが、大部分は個室に畳を敷き、壁に赤い長じゅばんをかける程度だったという。

兵站司令部では利用時間を30分、料金を兵は1円、下士官1円50銭、将校・軍属は1円、下士官1円50銭、将校・軍属は1時間で3円、宿泊は将校、同待遇軍属のみで10円とした。当時の兵隊の給料8円50銭、内地の労働者の日当1円未満と比べても決して安い金額ではなかった。

ついで兵站司令部は、慰安婦を業者の不当な搾取から保護するため尽力した。藤沢軍医は内地の遊郭にならって業者に組合を組織させ、これを通じて慰安所を統制し、兵站司令部の意思が慰安所全体に通じるようにした。次に、組合事務所を作って慰安婦の増減、収入、支出の数字を帳簿に記載し、登楼人数、売上高を日報として報告させた。また、各業者には慰安婦ごとに花山帳（出納簿）を作らせ、借金の状況、出納を明示させ、慰安婦の身分の資料としていた。

内地の遊郭ではありとあらゆる生活費・必要経費が娼婦の自弁として借金に組み込まれ、しかもそれが法外な値段になっていたりして、業者に徹底的に搾取される仕組みになっていた。藤沢軍医はこれも是正して、借金を上乗せする場合には、兵站司令部が慰安婦から直接聴取し、許可することにした。

とはいえ楼主側もうまみがなければ漢口くんだりまで来て商売する気にはならないので、その辺の兼ね合いは実に難しかったという。

内地からの慰安婦はそれぞれ法規どおりの借用証文を持っていたが、朝鮮人業者の中には、ひどい例もあった。証文も何も、書類らしいものは一切なく、貧農の娘たちを人買い同然に買い集め、奴隷同然に使い捨てにする。これでは死ぬまで自由を得る望みはないのだが、女たちもそうした境遇に対する自覚は持っていないようであった。

藤沢軍医は業者が女に支払った金に、雑費を加えて借用証文を作らせ、女たちが働きさえすれば借金を完済し、自由な身の上になれるようにした。業者は女の借金を増やすために、旅費とか衣装代を上乗せしたが、旅費は無料だし、ペラペラの安物の人絹の衣類に法外な価格をつけたりするのを是正した。

なお、兵隊たちは慰安婦のことを出身地別に「日本ピー」「朝鮮ピー」「支那ピー」などと呼び、慰安所を「ピー屋」と呼んでいた。これは中国語で女子の外陰部のことを「尸」に「穴」と書いてピーと読むことに起因すると言われている。どこかで中国人から聞き知った語が隠語として広まったらしい。

さて一方、この頃の「売春業者」はどのようにして戦地に慰安所を開設することとなったのか、というのを見てみよう。漢口の場合はほとんどが朝鮮人の業者だったようだが、中には日本人の業者もいた。その一例を山田盟子著『慰安婦たちの太平洋戦争』から。この本は、著者の「慰安所とは、この世の地獄である」という勝手な思い込みが大暴走した怪著だが、冷静に当事者の証言の部分だけ読むと、著者の思い込みとは違った実相というものが見えてくる。

東京・寺島の玉ノ井は関東大震災後にできた私娼街である。「銘酒屋」という、店先に体裁だけの酒瓶をならべた娼戸（今のソープに使いもしないスチームバスが置いてあるようなもんですね）が軒を連ね、せまく曲がりくねった路地を入るとあちこちの窓から「ねぇ、お兄さん、寄ってよ」「お兄さん、遊んで行って」といっせいに声がした。

そんな玉ノ井の銘酒組合長・国井茂の元に、昭和12年11月、陸軍省に出頭せよとの電報が届いた。時節柄、淫売稼業などはやめろ、というお達しでもあるのかと不安な気持ちで出向いたところ、丁重なもてなしで豪華な応接室に通される。そこには、亀戸の銘酒組合長など、同業者が数人呼び出されていた。

何事だろう、と思っていると胸に参謀肩章を吊った少佐が少尉と下士官を連れてやって来た。少佐は現在の戦局などについて語り出す。

「最後の勝利をおさめるまでは、こちらも相当な覚悟を持って臨まねばならんでしょう。ところで……」

一同の間に、緊迫した空気が流れる。

「戦線の将兵ですが、いくさが長引けばいろいろと不自由なことがでてくる。ことに若い兵隊にとっては、性欲のはけ口をどうするかということは、専門家のみなさんがよく知っておられるかと……」

この言葉で座は急になごやかになった。要するに、戦地で慰安所を開いてほしい、という要請だったのだ。住居、食事、移動などは軍でめんどう見ると説明した上で少佐は、

「要は業者のみなさんに、自主的

にこれを経営するという形をとりたいのです。まさか軍が女郎屋を経営するわけにはいかんのでね。はっはっは」

と、肩を揺すって笑った。

国井茂は玉ノ井に戻ったが、慰安婦50人集めて大陸へ行く、という話においそれと乗るものはなかなかなく、自らがやろうと腹を決める。身代を投げ出してかかる冒険だが、内地の数倍稼げるとふんで、賭ける気になったのである。

問題は連れていく女性だ。彼の経営する店には20人の女性がいたが、強制するわけにもいかない。結局正業の斡旋屋に頼み、自らも、内地より稼げて客取りの苦労がないことなどを言って地元の娼婦をくどき落とす。

こうして一行は上海近くの任地に向かう。慰安所は焼け野原に1軒残った石造りの洋館。畳が敷かれ、夜具もあり、食堂も浴室もあり、内地から運んできた水洗トイレの設備まであるという豪華さに女たちは驚いた。

開店すると大繁盛、国井は投げうってきた財産を1か月で取り戻し、女たちも3か月もあれば借金が完済できると、いきおい稼ぎに気合が入ったという。

なお、これは日中開戦間もない頃の話である。このように稼ぎが大きいということが伝わったためであろう、1年後の漢口では、軍は要請も募集もしていないのに1か月足らずで30軒の業者が集まり、入りきれず別の地域に向かった業者もいたそうである。

泣いて明かした日もあれば

いくらお金が稼げたとしても、それで慰安婦はハッピーだったでしょうか？　と疑問を差しはさむ人もいる。もちろん売春という職業はそんなに好きこのんで選ばれる職業ではないから、そこに悲しい話もある。特に、当時は貧困ゆえに泣く泣く売られてきた者も多かったから、それはなおさらである。『漢口慰安所』にはこんなエピソードが紹介されている。

週に一度の検査日のことである。その日も、検査は順調に進んでいた。一人すむと、しきりのカーテンを開いてつぎの女が入ってくる。そのくりかえしで、流れるように進んでいく。突然、女たちの流れが止まってカーテンの外側がざわめきはじめた。女の泣き声やなだめる声が聞こえる。しばらく待ってもだれも入ってこないので、私はいらだってカーテンの外側に出てみた。半円形に立っている女たちの真ん中で、戦捷館の「二階回り」(『戦捷館』は慰安所の名。「二階回り」は給料なしで、チップだけをあてにして慰安所の雑用をする従業員のこと)が見慣れぬ若い女の手を取って引ったてようとしている。若い女は尻を引っこめ、二つ折りになったような格好で後ずさりしている。女は私の姿を見ると、追いつめられた犬のようなおびえた顔をし、いっそう尻ごみした。
　私は二階回りに手を離させ、カーテンの内側に誘って事情を聞いた。女は昨日午後、内地から来たばかりで、今日検査を受け、あしたから店に出すことになっているが、検査を受けないと駄々をこねて困っているという。
　私は女も呼び入れさせた。赤茶けた髪、黒い顔、畑からそのまま連れてきたような女は、なまりの強い声で泣きじゃくりながら、私は慰安所というところで兵隊さんを慰めてあげるのだと聞いていたのに、こんなところで、こんなことをさせられるとは知らなかった。帰りたい、帰らせてくれといい、またせきあげて泣く。二階回りは、すっかり困りはてた様子である。

　ここにやって来るには必ず証文が書かれており、そこには「酌婦稼業(売春)により支払うべく候也」と書かれており、保護者氏名と当人の氏名が連署、捺印されている。この娘も親に売られたのである。
　長沢軍医はかわいそうに思い、とりあえずその日はそのまま帰らせるが、かといって個人の力ではどうにもできない。
　翌日、娘は二階回りと業者に連れられてやってきた。当人も承知しましたので臨時に検査をお願いします、という。一晩中泣き明かしたのか、目はふさがりそうに腫れあがっており、その色黒の顔に白粉をベタベタ塗り、髪を結い、大柄な花模様の着物を着ているが取ってつけたようで、まるで田舎芝居の女形そのままであったそうだ。そしてその翌日。この娘が初めて店に出る。その日のことは、こう書いている。

　その翌日、私は外来と入院患者の診療を終えると、診察室に出られない患者を診に病室へ行った。病室の一番奥まで行ったとき、女の泣き声が聞こえてくる。窓から外を見ると隣の戦捷館の洗浄室の窓から、昨日の女が身を乗り出して吐いていた。吐物は茶色の液体で、味噌汁であろうか、それに白い飯粒がまじっていた。せき上げては吐き、吐き止まると、子供のように声を張り上げて泣く。泣くというより絶叫している。吐物がなくなるとゲッゲッと空えずきし、また泣きつづける。(中略)
　いつの間にか、私の横に来て並

んで見ていた入院中の慰安婦がいった。

「皆、はじめはあんな風でつらいものだわ。私なんかも、よく階段に腰かけて、くにに帰りたいなあと家のことを思っていると、階段に腰かけると客をふさぐって帳場さんに怒鳴られたものよ。でもすぐ慣れて、あの子も親や家のことを思い出さなくなるわ」

実に、悲しい話である。しかし、人はどんな状況であろうと、そうそう嘆いてばかりで生きていくものではない。特に女性は新しい環境に適応して生きていく能力など男性よりはるかに勝る。この娘も、約１か月後の様子はこう書かれている。

一カ月ほど経って、私が帰隊しようと診療所を出ると、女は通路に出て、兵隊を誘っていた。兵隊さん、兵隊さんと声をかけている彼女は、着物姿も板についていて、もう一人前の慰安婦であった。私と目が合うと、にっと笑って頭を下げ、すぐ振り向いて通りかかった兵隊の腕をとらえ、寄ってってよ、と誘っている。ひと月前には泣きわめいていた女が、今は朋輩と競って客を引いている姿は、何かむなしさを感じさせはするが、といっていつまでも嘆いていてもどうなるものではなし、はやばやとあきらめて、新しい境遇に慣れるのが、彼女にとってしあわせなのかも知れない。

これと同様の話を、元慰安婦本人の体験記に見ることができる。その本は千田夏光著『従軍慰安婦・慶子』である。これは「慶子」の源氏名で慰安婦をしていた日本人女性（文中では本名は笹栗フジ、となっている）から徹底した聞き取り調査を行ない、その聞き書きをノンフィクション小説の形にしたものである。著者は日本で初めて「慰安婦」を「戦争犯罪」に仕立て上げた人だから、これを無理やりにでも悲惨な話にしようとしている。しかしこれは「従軍慰安婦」が何の社会問題にもなっていなかった１９８１年に出たもので、証言する側には一切の政治的な目的がない。よって、著者が書き加えた恣意的な解釈をはずせばかなり正確に慰安婦の実相というものが見える。

慶子は親から九州・大浜遊郭に売られ、後くらがえして慰安婦になっている。そして、処女のまま親に売られてきた朝鮮人慰安婦の少女たちと行動を共にし、妹のように彼女たちを気にかけている。

その少女の一人がついに初めての客を取る。「アッ、アアッ、アイゴオーッ！」の悲鳴が聞こえた。

その後、夕食の時間が来ても彼女は来ない。慶子が部屋をのぞくと彼女は放心したようにベッドの上に横たわっていた。頬に涙の跡があったが、もう涙は流れていなかった。慶子は「食べないと体に毒ばい」と声をかけるが答えない。ウチもそうだったものね、と慶子は思った。まるまる1日半何も食べる気になれず、水ばかりゴクゴク飲んでいた日のことを思い出していた。その時先輩の娼婦から「女の体って3人の男とらされたら諦めが自然とうまれてくるのだよ、それまではうんと泣きな」と言われたのだが、彼女たちにもその言葉を繰り返すしかなかった。

それが1年も経たぬうちに、この少女たちは「マタ、チテネ」「ウワキ、タメヨ」なんて軽口を平気で兵隊に言うようになっていた。慶子はまた、自分の昔を思い出す。娼婦になって小1年ほどした頃に同じようなセリフを思わず知らずに口に出し、先輩娼婦から「あんたも一人前の女郎になったね」と言われたのだった。また、彼女たちは週1回の検診でも「ウチ、サック、チェンプニツカワセテルヨ、タカラピョウキナイヨ」などと言いながら、平気で検診台にも上るようになる。

さらに数年。彼女たちは、以前はみごとにくびれていた腰にねっとり脂肪をつけていた。「女郎は顔がこけ腰に脂肪がついてくると一人前だよ、腰を使うからね、この商売は」と、慶子はまた、以前遊郭で聞いた言葉を思い出した。

このような仕事につかざるを得ない事情はかわいそうなものではあるが、それでも人は結構順応して、たくましく生きていくものなのである。

行列客はひとり3分

また、「謝罪せよ」派の人はよく慰安所の前に行列をつくる兵士の写真を紹介し、1日10人から20人もの男の相手をさせられたと、さも非道なことが行なわれていたかのように言う。

しかし、元慰安婦慶子の証言ではその実相はだいぶ違う。慰安所規定には「一回三〇分」と書かれていたが、これは遊郭で「ちょんの間」と呼ばれているのをそのまま取り入れたものだそうだ。「ちょんの間」というのは短時間・低料金で客の回転をよくして稼ぐ営業方法で、遊郭では先輩娼婦から後輩娼婦へ代々「ちょんの間のこなし方」の技巧が伝授されており、自分は疲れず、相手をすぐいかせてしまうことができたというのである。若い者だと2分程度で終わってしまい、それで30分ぶんの料金を取ってすぐ次の客を入れていたのである。

そんなわけで、慰安所開店の日、入り口に行列ができた、という話も『従軍慰安婦・慶子』ではこんな描写になる。

〝ちょんの間〟のこなし方を知らないだろう金承希と鄭裕花へ、「腰ば、二度三度こうまわし、そうそう、それから、こう下から上にグッと突きあげるとばい、すると相手はすぐ終わるからね。これおぼえておらんと、あれだけいると体もたんからね」

あわてて午前九時半の〝業務開始〟を前に特訓までしたのだった。

「コウ、スルトネ、ウン、ワカタヨ」

「オネサン、アリカト」顔ひきつらせかける二人に、「さあ、一丁かたづけようか。一人三分として二十人なら、一人で引き受けても一時間で終わりばい」わざと笑って見せたりもしたのだった。

　行列は〝業務開始〟してみると、増えこそはすれへることはないのだった。もっとも〝入口〟で終わりというのが三人に一人、ほとんどが三分組だったので少なくとも熟練工の慶子には苦にならなかった。

戦時中は、もとから売春を手掛けていた業者以外の出入り商人なども慰安所を開いているため、中にはこういう専門知識がなく、技巧を教える立場のベテランを入れないまま素人ばかり集めて開店してしまった所もあったようだから、そういう場所では大変な目にあった慰安婦もいたかもしれない。

　なお、まったくの余談だが「ちょんの間」というのは大阪・飛田新地や川崎・堀之内に行くと、今でもやってる所があるらしい。30分で1万5000円くらいが料金の相場だそうだ。

　ともあれ、ここまで忙しい日が毎日というわけではなく、それは台風のようなもので通り過ぎてしまえば後はヒマな日が続いたりもするので、慰安婦としては稼げる時に稼いでおきたい、と考えるのは当然の話である。

『漢口慰安所』にはこのように書かれている。

　昭和十四年初夏、大阪で編成された第三十四師団が漢口に上陸したときのことである。（中略）部隊はしばらく休養したが、その間、外出した兵隊たちは積慶里に殺到した。女たちも、このときとばかりに稼いだのだった。

　当時、慰安所担当だった由上軍医に聞いたことだが、兵隊は行列して待ち、順番にあたった兵隊が部屋に入ってきて靴を脱ごうとすると、女は「官物はそのまま、そのまま」ととめる。「官物はよかったな」と軍医一同は笑ったが、官物とは軍隊で支給された被服、物品を総称する軍隊用語であって、これに対して兵個人の所有物を私物といった。慰安婦にはおよそ似つかわしくない軍隊用語で注意された兵隊も、さぞびっくりしたことであろう。

兵隊は靴も脱がせてもらえず、巻脚はん（ゲートル）もそのままで、膝でいざって上がりこみ、ズボンをおろして用を足し、終わるとズボンを引き上げて出ていく。すぐ、つぎの順番の兵隊が入って来ることになる。これでわかるように、主導権は慰安婦にあって、一部の記録が伝えるように、慰安婦が兵隊に無残に犯されるようなことは少なく、むしろ兵隊のほうが、なけなしの銭を払ってみじめな性を買うことが多かった。

積慶里は300人収容の大慰安所街だったからこれでもまだよい方だったようだ。こんなエピソードもある。昭和15年春、大

兵力の列車輸送の実験を兼ねた作戦で、ソ連国境付近の第四師団1万2000人は満州、華北を縦断して南京へ大移動、さらに揚子兵站支部で休養し、さらに応城付近の駐屯地へと出発していった。

この揚子兵站での休養の時のこと。将校・下士官は兵站バスで漢口に外出していったが、そんな遠出ができない大部分の兵隊は揚子の慰安所に殺到した。その時のことが、こう書かれている。

揚子慰安所は、それぞれ十人ほどの慰安婦をかかえた慰安所が二軒しかない。兵隊たちは女の部屋の前に行列を作り、気の短いのがどんどんと扉を蹴り、早くせんかなどとわめいて、公衆便所の順番待ちのありさまであった。

慰安婦たちもこれに応じて、洗浄に行く時間を惜しんで、兵隊にサックを使わせ、大いに励んでいる模様であった。

支部付の三島軍医が検梅すると、女たちの大陰唇は摩擦のために充血し、腫れていた。

軍医は驚いて、局所の安静のために女たちに三日間の休業を命じた。が、彼女たちは、ほっとして喜ぶと思いのほか、軍医の措置に抗議した。というのは、平常は暇な揚子慰安所に大部隊の通過を迎え、盆と正月が一緒に来たようなもので、このような機会に稼がねばならぬのに、三日もべんべんと遊ばされてはたまらない、というのである。

通過部隊の曹長が支部にかけあいに来て、慰安所はぼるし、時間

は短いし、サービスが悪いとぼやいた。支部付の森本軍曹が慰安所の経営者を呼んで花山帳を調べると、平常は女一人当たり多くて、一日十五円か二十円止まりの売り揚げなのに、七十円、七十五円も揚げている。

問いただすと、三十分一円の規定なのに、女たちは十分か十五分で客を追い出し、二円五十銭くらいあるいはもっと払わせている模様であった。これでは曹長が抗議するのも当然である。

しかし、かぎられた時間に、多くの需要を満たすには、一人当たりの時間が短くなるのは当然だし、また、需要に対し供給が絶対的に少ないのだから、金額が上がるのも仕方がないことだった。女たちはこの際とばかり身を粉にして働いているのだから、眼をつぶってやらねばなるまい、と軍曹はこの曹長の抗議を握りつぶした。

このような激しい労働期間中でも、彼女らは軍医や支部員に勤めのつらさを訴えたことはなく、それどころか今日は何人よと、接した男の数を誇らしげに告げていたという。

慰安婦列車はいく

さて、「謝罪せよ」派の人たちは事あるごとに「元慰安婦の方の証言に耳を傾けるべきです」と言う。そのご要望にお応えして、元慰安婦・慶子の話をもう少し見てみよう。

昭和13年、慶子たちが最初に入った上海・陸軍娯楽所は意外に不入りで、石橋という出入り業者が抱えている慶子たち18人は、１８０㎞離れた杭州の慰安所へ配置がえとなる。移動には軍用貨物列車が使われた。この時にはこれしか交通手段がなかったのだから仕方のない話ではあるが、この貨物列車が最悪で扉を閉めると真っ暗になる車両にムシロを敷いただけ。暖房などあるわけないから縮みあがるほど寒かったという。

食事は乾麺包という乾パンだけで、これは水がないとても飲み込めたものではないシロモノなのだが、水筒ひとつない。なにより困ったのはトイレがないことで、「小」の方は、やむなく男の石橋がいるのもかまわず、隅っこで交代でお尻をめくってすませていたが「大」となるとどうにもならない。女たちの何人かは、泣き出しそうな顔でこらえていた。普通に走っていれば5、6時間で着く距離だが、この辺は中国ゲリラの出没地域で、どこに地雷があるかも知れず、時速10㎞あるかないかのノロノロ運転で安全を確認しつつ進まねばならなかったのである。

そのうち、ゴトンと列車が止まった。泣きそうな顔をしていた慰安婦たちは「杭州に着くまでは扉を開くことを軍命令により禁ず

る」などと言われていたのもすっかり忘れて外にころがり降りて線路の砂利の上にしゃがむ。よりによってそんな時、
「あそこに女がいるぞ。オーイみんな来てみろよ、あれは女じゃないか」
と声がして、バタバタ走ってくる足音が聞こえた。逃げまどう慰安婦、逃げるに逃げられない状態の慰安婦。まっ青な顔でお尻をめくりかけたまま立ちすくんだ慰安婦を、6人の日本兵が取り囲んでいた。
そこは駅で、ホームの端に土のうを積み上げた見張り所があり、そこの歩哨の「女だ」の声に、駅から兵隊たちが飛び出して来たのだった。
そのときになってようやく業者の石橋がおそるおそる顔を出し、
「お騒がせしてすみませんです、外に出てはいかんと言うてありますのに。こら、みんな早う中に入れ」
と言うが、軍曹の階級章をつけた兵隊が進み出てきて、
「いやあ、まさか貨車の中じゃ糞もできんでしょうからねえ。かまわんです。こんなところでよかったら気のすむまでやってください。近くにゲリラが出没しますが、昼間はまず襲撃してきませんか。見張っててあげますからゆっくり用をたしてください」
はじめて笑顔を見せて言った。そして、
「自分らはこの駅の警備を命ぜられ一個分隊で駐屯しているものだけど、珍しいですなあ軍用貨物列車に女がのっているというのは、なんですか、あんたたちは」
とたずねてきた。出発した時から不思議に思っていたのであろう、前方の車両に乗っている4人の兵隊も顔を出してのぞいていた。
石橋は自分たちの仕事とそれまでの経緯を話した。それを聞くや軍曹はぱっと真顔になり、自分たちはこんな田舎に分駐させられ、慰安所などというものがあることも知らなかった、軍命令というからには、タダか、とたたみかけ、
「なるほど1回30分で2円ですか、よしわかった、その料金払うから、ここであんたたちその〝任務〟をわたしたちに果たしてくれんですか」
とたのみこむ。「そんなこと言われても」とたじろぐ石橋など相手にせず、
「自分たちは杭州湾に上陸してから2か月半まったく女に接していない。とくに自分は部下に〝支那人女にぜったい手を出すな、手を出した者は斬る〟と宣言しているので、自分の分隊13名はみな飢えている。軍がそんな結構な命令出している〝公認女〟ならば是が非でも頼む、このとおりだ」
軍曹は慶子たち慰安婦に頭を下

げた。おそらく内地ではそれなりの社会的仕事をしていたであろう人がこうして頭を下げるのを見て、慶子は、
「ウチよかよ」と答える。
「いやあ、すまん、ありがとう」と軍曹は笑顔を見せる。初めはこの分隊の部下13人と上海兵站輸送部からこの駅に派遣されている4人の計17人が相手のはずだったが、
「軍曹殿、自分らもお願いします」
と前の車両に乗っていた輜重兵（荷物運搬兵）4人、さらに機関車の前方で警乗警備をしていた4人が加わり、総勢25人となった。
「〝敵第百七師団の敗残兵50名が出没、進路を妨害せんとしたので直ちに応戦、約1時間の戦闘でこれを撃退せり。このため列車は一時遅発のやむなきにいたった〟。分隊長の責任で以上のごとく報告し、警備日誌にもそう誌しておくから全員その旨心得ておくこと。わかったか！」
「わかりました」
「よし、わかったら直ちに〝臨時……なんと言ったかな、そうだ、〝臨時陸軍娯楽所〟の設営開始！はじめ！」
いやもうみごとな指揮ぶりで、「各人の女と接する時間は30分！」と叫びつつ、慶子たち18名を駅舎の兵隊たちの寝室へ13名、乗っていた貨車へ5名とわけ、兵隊としての任務である警備警戒のための立哨勤務は3名が30分ずつ交代勤務すること、電話番は自分があたることをスラスラその場で決めていく。
ついで、自分の部下も輜重兵も警乗兵もいっしょくたに背の高さ順に並べ、慰安婦たちも背の順に並べて「男女とも先頭から順番に組み合わせをつくること。よし、できた者からただちに行動開始！女のほうは、ご苦労だが後部から3名、30分すぎたら2人目の兵隊の相手をしてやってくれ」
一気に言った。業者の石橋はホームにひとり取り残されてポカンとしていた。
兵隊の寝室といっても田舎駅の待合室のような部屋にムシロを敷いただけのものだった。そこに河岸のマグロのように肩すり寄せて慰安婦が13人横になる。隣とは30㎝と離れていない。着物も着たまま、帯も締めたまま。そこに「願います」と兵隊がかぶさってくる。
そんな中で慶子は
「ウチの体の上にいるこの兵隊さん、たしかめたらたしかにサックしていたけど、2か月半女に接していないと言ってたけど、このサックは

か、戦争しながら後生大事に持ち歩いたのだろうか」そんなことを考えると、その兵隊が新しいサックととりかえ「まだ11分ある、もう一丁頼む」と言うのを拒めなくなっていた。

中にはサービスで〝嬌声〟をあげている慰安婦もいた。「あと3分！」と入り口の所で軍曹の声がすると、その嬌声はひときわ大きくなった。

時間が終わると兵隊は身づくろいをすませてたちあがった。中には「ご苦労様でありました！」と軍隊式の敬礼をする者もあった。

軍曹は部下たちに〝接婦〟させている間、自分は裏の炊事場で大ヤカンいっぱい湯を沸かし、粥を煮ていた。今から飯を炊いたのでは間に合わないと見て朝の残りを粥にしたのだった。

「支那で生水はあぶない。この大ヤカンごと持っていってくれ。水筒も持たないようだから。それと昼食にはまだ早い。間食のつもりでこれすすってくれ。生味噌と梅干しかないが、ま、疲れた分だけはとりもどせるだろう」

笑いながらそれをすすめた。彼は規定料金以外に「細かくてすまんが、これ気持ちだけだ」と自分の懐から15人の慰安婦には1円50銭、2人の兵の相手をした3人の慰安婦には3円を手渡した。

こうして1時間遅れで列車は出発した。

慶子の妹分の金必連はその時の大ヤカンを「ウチ、コレモチマス」と、ずっと大事そうに持ち歩いていた。それから後に入った慰安所の裏に、老婆と4人の子供をかかえたおばさんがいて、親切にしてもらったのだがその家には鍋がひとつしかなく、ご飯を炊いた上それでお湯も沸かしていた。金必連は、そのヤカンを「オイテキタヨ、ヤカンナイ家アタカラネ、シンセツナ、オバサンノイル、家、タッタカラ、オイテキタヨ」そう言って、静かに笑ったという。

最初の駅は指揮官がしっかりしていたからよかったものの、次に着いた駅はまったくの無秩序状態で、慶子たちは金ももらえないままほとんど強姦のような目に遭ってしまう。同行している警乗兵の長は「下手にとめたら日本軍同士で撃ち合いになるところだったから手出しができなかった。カンベンしてくれ」と言い、警備に兵2名を付けることになる。一口に「日本兵」といっても、その兵の性格・指揮官の資質で内実はまったく異なり、たった一駅離れただけで天と地の差があったのだ。

それから先は駅に着くたびに業者の石橋が真っ先に飛び降り、警備兵に護衛してもらいながら、「われわれは第十一兵站司令部の慰安婦隊です。司令部命令で1回

30分、料金は2円となっております、希望者は集まってください」などと大声で「軍命令」というハッタリをかまして先に威圧し、それから営業するようになった。

そんなこんなでそこから先はさほどドラブルもなく、貴重品のパイナップルの缶づめや羊羹をもらったりしながら同じようなことを駅ごとに繰り返し、ようやく目的地の杭州に着いたときは出発から20時間後、深夜に近かった。こぼれんばかりの星空の夜だった、という。

このエピソードは千田夏光著『従軍慰安婦・慶子』の中に「駅ごとの無態狼藉」などと題して書かれている。しかし、こうして千田氏による恣意的な表現を取り払って書かれている出来事だけを紹介すると、「無態狼藉」とばかり非難すべき話ではない、と言えるのではないだろうか。

「慰安所は心の安らぎの場所」

慰安婦にもいろいろタイプがあったようで、森本賢吉著『憲兵物語』では、中国・唐山市に勤務した元憲兵の著者は、

接客婦にも、三通りあると僕は思うよ。借金を払う分だけ稼いで早く辞める者。借金が多すぎて身を売られて行く人。もう一つは、郷里に帰ってもしょうがないという自暴自棄、捨て鉢の人間よ。天津や北京でも、真面目な日本人や朝鮮人の慰安婦は、自分の借金を早く払うて内地や朝鮮に帰っていたよ。

と語っている。

また、『漢口慰安所』では業者の話として、この業界では娼婦のことを「子供」あるいは「こどもさん」と呼び、物事の考え方が幼児のように単純な彼女たちをあやすようにおだて、すかし、おどしなどして、思いのままに動かすには、外部の者には想像もできない難しさや苦労がある、と語っている。その一方で、こんなエピソードもある。

筆者が特殊診療所担当の折（昭和十七年）、一人の慰安婦が帰国のあいさつに来たことがあった。女は平生から目立たない、大人しやかな中年増で、男は真面目そうな軍属だった。

二人は内地に帰って所帯を持つのだといそいそしていたが、荷物が多いので、これからトランクを買いに行くと言った。私は買ったまま使わないで部屋に置いたきりになっている安物のトランクを思い出し、どうせ使わないものなら、この二人に貸してやろうと思いついた。

ふたりは「助かります、喜んでお借りします」と目を輝かせなが

らいい、私の留守宅の宛名を手帳にひかえていた。そのとき私は、今その気でも結局は返さないだろうが、二人の新生のはなむけにしてやろう、と思っていた。

ところがあとになって留守宅から手紙があり、この二人が連れだってトランクを持参し、丁重に礼をのべたと知らされた。彼らはきっと、日本のどこかで幸せな家庭を営んでいることであろうと、私は暖かい気持ちに浸ったが、そのような慰安婦もいたのである。

また、本書第5章に出てくる、表彰状をもらった朝鮮人慰安婦「慶子」のことは当時の兵站部員たちがみな好感を持って記憶している。その表彰状の文面は「あなたは、日夜、皇軍将兵慰安に尽瘁（じんすい）し、衆の模範となる。よって表彰する」といった大仰なものだったそうである。

また、「春子」という女は借金を完済するとあらためて借金し、それを朝鮮の故郷に送金し、田畑を買うのを楽しみにしていたという。借金せずに自前で働いた方が有利なのに、と言うと春子は「借金を背負ってないと本気で働けない」といい、案外そんなものかも知れない、と係も納得したという。

ここでもうひとつ、慰安所の実相を語る貴重な証言を紹介しよう。ビルマの慰安所に関する日本人の証言で、西野留美子著『従軍慰安婦と十五年戦争』という本に収録されている。著者の西野氏は吉見義明教授らとよく行動を共にしている慰安婦ルポライター（他に『薬害エイズを生きる』などの著書もあり）で、この本も本来関係ないはずの七三一部隊の話などを強引に組み込んで、何がなんでも悲惨な話にしてやろう、としている。ところが当の慰安所経営者が語った部分だけを抜き出すと、そんな意図とはまったく違った慰安所の姿が見えてくる。

ビルマは当時イギリスの植民地で、独立運動が活発になり始めており、日本軍はそれを支援していた。そしてその頃ビルマの慰安所では、現地人の慰安婦が日本兵に、

「ワタシ　ビルマピー　コンバントマルカ？」

「トマル。タイヘンサービススルヨ」

「イギリスノヘイタイサン、ムカンブー（悪い）」

「センソウ　ハヤクカッテ　イギリスマカセヨ」

「ニホンビルマ　ハダ　オナジ。ワタシニホンニオウエンスルヨ」

と、声を掛けていたという。

30人の中国人慰安婦をつれて夫と共にビルマに渡った酒井幸江氏は西野氏のインタビューにこう答えている。

「逃げようとする女性はいませんでしたか？」

「そんな子はおりゃせんかったよ。クーニャンたちは、わたしをママさん、ママさんと慕うてくれていたし、反乱する子なんて一人もおらんかった。みんな従順でおとなしい子ばかりだったですよ」
「慰安所によっては、監禁状態だったところもあったようですけれども」
「わたしはそんなことはせんかった。わたしの気性から、兵隊さんのために身を捧げている女たちに、そんなひどいことなんてできへん」
「女性たちのなかに、辛いなんてことを話す女性はいませんでした?」
「そんな話、よう聞かんかったよ。けどね、みんな親に売られてきた女たちでしょ。買われてきたわけだから……そりゃあ考えてみればかわいそうな子たちよ」
「女性たちには、どれくらい収入があったんです?」
「……主人がお金の一切をやっていたから、わたしはくわしいことはよう分からんけどね、歩合制だったかしらねえ。食費とか雑費なんかを差し引いて、あとは、とったお客の数に合わせてあげていたんとちがう?」
「お金は日本円で?」
「いえいえ、軍票よ。みんなずいぶんためていたんとちがう?」
「どうしてそう思うんです?」
「引き揚げるときに、ゴールドをもって帰ったって聞いたからね」

　西野氏は意地でも「慰安婦は、性奴隷だった」ということにしたがっている人だが、このインタビューは完全に空振りだったようだ。

　また「いろんな兵隊さんがおったけど、心が荒んでいたり、野蛮な人ばかりやなかったよ。子どもが好きな兵隊さんもおった」

と、こんな体験記も載っている。

　ある日、幸江の一番下の子どもの姿が見えなくなった。誰に聞いても心当たりがない。
「まさか、さらわれたんじゃ……」
　青くなって探しまわっていた幸江の前に、ひょっこり息子が帰ってきた。
「あんた、どこへ行っとったの!」
「すみません。あんまりかわいいもんで、遊んどったんですよ」
　息子を送ってきた兵隊が、頭をかいた。
「郷里に置いてきた子どものような気がして」
　外出日に幸江の子どもの遊び相手になる兵隊は、少なくなかった。
(中略)
　慰安所にきても慰安婦の部屋には行かず、幸江の子どもと遊んで時間を過ごす兵隊のなかには、幸江を「かあちゃん」と呼んでは、よもやま話をして帰っていく者もあった。「かあちゃん、オレたち、ミートキーナに発つことになるかもしれん。元気でやってください。それきり……」
　彼女はここまで話すと喉を詰まらせ、表情を強張らせた。
「わたしはこの商売を本気でやってましたよ。お国のために命をかけている兵隊さんのために、できるだけ心を慰めてやりたいと思うてました。あの人たちは、セックスだけが目的だったんじゃないですよ。人間と人間の触れあいに飢えていたんですよ。慰安所は、心の安らぎの場だった。わたしは、そういう気持ちであの商売をやっていましたよ。その気持ちは、あの商売に対するわたしの使命感でした」
　この証言を聞いても、西野氏は「慰安婦」というのは重大な犯罪行為だと訴え続けているのだが。

「兵隊亭主」と「兵隊女房」

　各地の慰安婦たちも、戦争末期になって来ると軍属や他の民間人同様、戦火に巻き込まれ、犠牲になる者も少なくなかった。
　先述の慰安婦・慶子も、終戦間際はビルマの密林を他の慰安婦や業者の石橋と共に逃げ回り、食糧が何もないのでオタマジャクシやゴキブリのような虫まで食べた、と回想している。オタマジャクシは煮ると溶けてしまうんだそうで、久しぶりに歯ごたえのある動物性タンパク質が取れると思ったのに、単なるスープになってしまった。それでも「テモ、オイシイヨ」と言いつつ、みんな笑顔でうれしそうに飲んでいた、という。
　また、西野氏の著作によると、ビルマではこんなこともあった。
「マスター、ヒコウキガクル！」
　ある日、慰安所が爆撃を受けた。兵隊の相手をしていた慰安婦たちも、急いで服をはおって飛びだし、壕のなかで息を潜めて敵機が飛び去っていくのを待った。しかし、さっきまで一緒だった兵隊の姿がない。
「兵隊さんはどうした？」
「部屋のなかに……」
　爆撃が耳をつんざく。一機去ったかと思うとまた一機やってくる。立て続けの機銃掃射に、神経は切れそうに張りつめた。
　長い緊張の時間が息苦しい壕のなかで流れた。
　ようやく静かになったころ壕の外に出てみると、慰安所の建物はバラバラに壊されていた。壊れた慰安所の建物のなかには、裸の兵隊の死体が転がっていた。
（中略）
　この慰安所は三回爆撃にあった。慰安婦を抱いていた兵隊は裸で逃げだすのをためらった。逃げそびれているうちに、建物もろとも爆撃にあったのである。よもや慰安所が直撃されようとは思わなかったのだろうが、慰安所の経営者から兵隊の死を知らされて困ったのは軍である。家族の元に何と知らせたものか。慰安所爆撃により命を落とした兵隊は、十五名ほどいたという。まさか慰安所にいて爆撃にあい、亡くなったとは言えない。けっきょく彼らは戦死したこととして処理され、郷里の親元には、「戦死」の報が届けられた。

　そして、やがて終戦の日を迎える。貯め込んだお金をゴールドに換えていて郷里に持ち帰った者もあれば軍票のまま持っていて紙クズになった者もいる。ジャングルを敗走し、捕虜収容所に収容されたものもいる。そして、その後の人生はまさに人それぞれである。川田文子氏は、戦後も故国に帰れず、沖縄で貧困のうちひとり寂しく死んだ朝鮮人慰安婦のことを事あるごとに書いている。そんなかわいそうな人もいる一方で、こんな話もある。

　美子は一年半で千円の前借も抜いた。なのに、そこから離れる気が起きなかった。

　昭和十九年の夏、部隊は南方戦線にもっていかれだした。副官は、
「君たちを連れて行けない。兵たちは死地には連れて行きたくないと考えているようだ。別の働き口をみつけなさい」
　と、申し渡した。美子たち十六人の慰安婦は、そのとき泣いて同行をたのんだのだった。

　彼女たちはそれっきりで慰安婦をやめ、満州で宿屋の女中や料理屋の仲居になったりした。銘酒屋で覚えなかったオルガスムスも、「兵隊女房」のときはあったのだが、しかし二度と体を売らなかった。

　彼女たちは昭和二十二年に引き揚げてきた。だが、だれも体を売らなかった。

　女中、仲居、かつぎ屋までしたが、売淫はしなかった。

　一方、南方にでむいたあの兵たちは、台湾で敗戦をむかえて帰ってきた。かつての兵隊女房の貞節をきいて、昭和二十四年に兵たちは会合を持った。筑豊の戦友三十人がらみで、女たちを招待した。

　帰国後に嫁をむかえた兵たち

だったが、かつての「兵隊女房」たちに会うと、涙を流して手を握ってくれた。それから一年に一度、この奇妙な夫婦の会はつづけられた。

美子は身売りされて以来、父母とも兄弟とも音信をしていなかった。身売りされたことで、家族のなかの棄民を感じたせいだった。そして、故郷にも売淫した者は帰れる身ではなかっただけに、兵隊亭主と会うことだけが救いだった。

「もし結婚したい者は仲間が費用をだすからな」

と、女たちは申し渡しをされた。ながいこと慰安婦をしていると、大陰唇がたれさがった。美子もそうだった。琴子もその温情を受けて手術した。兵隊亭主は布団屋の主人もあれば、運送屋の社長もいた。

仲居をしていた琴子がN炭鉱の人夫と結婚するとき、兵隊亭主たちは道具一式をおくってくれた。

昭和二十四年には十六人のうち帰国途中に病没した慰安婦もあって十四人だったが、三十八年には八人に減った。

美子は老医師に見初められて結婚するとき、兵隊亭主の代表者が琴子のときと同様遠縁を名乗って出席してくれた。

女のだれかが大病でもすると、兵隊亭主はお金を出しあって見舞いにきた。

「事実」へのまなざし

このように、少し視野を広げて見れば、そこには新聞やテレビでは伝えない実相というものが見えてくる。

『漢口慰安所』の長沢氏は言う。戦地における慰安所は、小規模な遊郭であり、慰安婦とは、軍人だけを客とする娼妓の名を変えたものである。彼女らは、たまたま戦地に来たから慰安婦と呼ばれたのであって、そうでなければ娼妓かそれに類する女であったはずである。だから、軍隊の慰安所のみを取りあげ非難し、慰安婦を暴虐な軍隊の悲惨な犠牲者のように扱うのは当を得ない。むしろ兵站司令部はできるだけ事態の改善につとめ、慰安婦の保護にあたったのである。

また、平和な現代から見れば、慰安所の前に行列をつくる兵隊たちを、浅ましい野獣の群のように考える人もいるだろうが、当時の兵隊たちとて特別な人間ではない。会社員、商店員、工員、農民だった者に、軍服を着せた集団にすぎず、今の平和な巷に生活する人々と何の変わりもない、どうして彼らを軽蔑したり責めたりできようか、そう書いてこの本は締めくくられている。

元慰安婦の証言にもこんなものがある。川田文子著『戦争と性』に紹介されているたま子という女性の話だが、民間の遊郭にいた時は女同士、過当な競争をさせられた。売り上げが全存在の評価のようになっており、順位が落ちるといたたまれないほどの屈辱を味わった。一方ラバウルの慰安所では、兵隊が列をなしていてそんな心配をする必要はなかった。体は酷使されたが、気分的にはよほど楽だった、というのである。また、内地では「醜業婦」などと蔑まれるが、慰安所では「御国のため」軍人に奉仕する仕事とされているため、誇りが持てたという。

　また、紹介してきた元慰安婦・慶子は、「思い出して一番辛かったことは？」という質問に対し、親に売られて故郷を離れる時が一番辛く、国内の遊郭で最初の客を取らされた時が二番目、あとはみんな同じで、オタマジャクシを食べながら逃げ回ったことも、どうということはないように思うし、それは妹分の朝鮮人慰安婦たちも同じはずだ、と答えている。戦地の慰安所に行ったからといって、ことさらに悲惨な目にあったとか、そこが特別残虐な場所だったとか、そういう事実はないのである。

「事実は事実として認めるべき」と、「謝罪せよ」派の人は必ず言う。その言葉自体にはとりあえず賛成してもいいが、その場合の「事実」とは、特定の運動のために用意された一方的な「証言」のみによって構成されるようなものであっては、断じてならない。

【追記】消された写真

　この文章には初出時（『新・ゴーマニズム宣言第3巻』1997年5月20日発行、小学館）、以下の3点の写真を併せて掲載していた。

　Aには「前進の部隊を追って黄河を渡る慰安婦（1938年6月18日）」

B

C

A

Bには「江湾鎮に民営で最初に開設された慰安所（1938年1月）」

Cには「軍帽をかぶった慰安婦の記念写真（1941年）」

というキャプションが付されている。

これらの写真は毎日新聞社の所蔵で、同社の『一億人の昭和史』を始め、多くの書籍等に掲載されてきたものである。

『新ゴー宣3巻』出版の際には、これらの写真は同社の正式な提供を得た上で掲載した。また文庫版（2001年8月3日発行、小学館）でも同様に、同社の提供により掲載している。

本書の発行にあたっても当然この写真を掲載したいと思ったのだが、なぜか毎日新聞社のライブラリにこれらの写真がなくなっていた。

そこで、以前はあった旨を書き加えて貸し出しの依頼申請をしたところ、なんと「以前は貸し出ししていたが、これらの写真は社の方針で貸し出ししないことになりました」という返事が来たのである！

これは、どういうことだろうか？

新聞が社会の公器ならば、新聞社が所有する写真は公共物ではないのか？

それを「社の方針」で恣意的に出すもの、出さないものを決めていいのか？

以前は普通に貸し出ししていたのに、いったいどういう「社の方針」の変化があったのか、説明責任を果たしてもらいたいものである。

これらの写真を貸し出し不可とした理由は何なのか？

これらの写真は、貴重な第一次史料である。

特にAとCの写真は、「慰安婦は性奴隷だった」という主張を揺るがすインパクトがある。それは毎日新聞の現在の主張にとって都合が悪いのかもしれないが、それでもこれはひとつの歴史の事実である。

朝鮮人元慰安婦の証言に信用できない点があることを指摘すると、左翼はよく「歴史の抹殺者」などと言って非難してくるのだが、重要な歴史資料であるこれらの写真を「なかったこと」にしようとする毎日新聞の姿勢こそが「歴史の抹殺者」ではないのか？

安倍政権は自分に都合の悪い資料は破棄し、改ざんし、隠蔽する。それは決して許されることではないのだが、自社に都合の悪い史料を隠蔽しようとする毎日新聞に、それを批判する資格が果たしてあるのだろうか？

第7章 43団体の言論封殺にわしは屈せぬ

届いた!
43団体 個人52人からの大抗議だ〜〜〜〜っ!
○アジア・女・北九州
○アジア共同行動ー九州・山口実行委員会
○アジアに生きる会・ふくおか
○海外出兵を許さない6・15の会
○カトリック東京教区正義と平和委員会
○北九州がっこうユニオン・うい
○北九州自立連帯労働組合
○九州平和教育研究協議会
○軍国主義に反対する会
○月刊「わいわい」編集部
○原発のない世界をつくる女たちの会
○グループNO!セクシュアルハラスメン
○婚外子差別をなくし戸籍制度を考える
○自衛隊なしでくらしたい・筑後の会
○死刑廃止・タンポポの会
○シスターフッドネットワーク
○戦後責任を問う関釜裁判を支援する会
○田川印刷センター労働組合
○天皇制に問題あり!福岡の会
○なくせ天皇!福岡連絡会
○「ナヌムの家」八代上映実行委員会
○日韓ねっと・福岡
○日本キリスト教団九州地区ヤスクニ問題特別委員会
○日本キリスト教団福岡地区社会部
○ねこや現場闘争団
○買春観光に反対するそらまめの会
○8・15訴訟を支える会
○反ヤスクニ福岡連絡会
○東アジア反日武装戦線の大道寺将司・益永利明両氏の死刑判決に反対し、死刑制度について考える会(=うみの会
○PP21ふくおか自由学校
○福岡おにぎりの会
○福岡県職員労働組合
○福岡地区合同労組
○福岡パレスチナの会
○福岡東チモールの会
○仏教徒非戦の会(郡島恒昭)
○平和といのちを見つめる会
○「報道と女性」研究会
○靖国法案に反対する福岡の会
○靖国法案に反対する福岡キリスト者の
○八代平和学習会
○八幡製鉄の元徴用工問題を追求する
○ユニオン北九州
イヤッホーッ
パカラ
パカラ
イ〜〜ッ
ヤッホー
ブヒヒヒヒーン
抗議だ
み…見せてーって
見せないっ!
ケチッ
おまえたち正月も出てきて仕事するか?
す…するっ
しかし…全員見てがくぜんとした!
な…なんて幼稚なんだっ
よ〜く見せちゃるよごすなよ
イ〜〜ッヤッホー
これが朝日新聞がとりあげる内容なのか?
おい社長!正月仕事しねーぞ
はいごもっともで
きさま…よーちな抗議文出してきおって……

朝日新聞の一流大学出のはずの記者は これを読んだのか？
わしがゴー宣で何を描いているか読んでいるのか？
従軍慰安婦に限らず レイプされた女性が告訴等に踏み切る行為をどう評価されるのでしょう 小林よしのりさんは レイプされた全ての女性が黙っているべきとお考えなのでしょうか
43団体
これについてはもう 第5章で描いたっ
「レイプ」は最低の行為である！
当たり前だ こりゃ戦時中でも現代の日常でも卑劣・最低の蛮行である
レイプするやつなんか厳罰に処すべきだし 女性は絶対泣き寝入りせず 他の女性のためにも訴えて闘うべきだ
読んでるのかいな？ 読んでなくて あるいは読解力もなくて 新聞にまで載せたなら
これはわしへの名誉棄損である
私たちは元「従軍慰安婦」が名乗り出て日本に謝罪と補償を求めていく行為をこそ「誇りに思い すごい」と評価します
しかし小林よしのりさんはそんな勇気ある彼女たちを「従軍慰安婦は強制ではなかった」「お金をもらっていたんだから娼婦だ」と言っています これは正にセカンドレイプなのではないでしょうか
43団体
そんな乱暴な言い方はしとらんが 元・慰安婦が だれにも誘われず自らの意志で名乗り出たわけではないだろう すべて日本の「運動家」や弁護士が現地で募集したり探したりしてきて訴えさせたのだ
インドネシアでは40年分の年収に当たる補償金目当てに2万人しか兵士はいなかったのに2万2千人の慰安婦が名乗り出ているという
気の毒に… 戦時中は親に売られ業者に不当に搾取される宿命の中に生きた女性も中には いただろう
そして戦後はおせっかいで善良ぶりっこしたい日本人に そそのかされて過去をむしかえされる
あんたたちは責任もてるのか？
自分たちの「正義」のために他人の過去をもてあそんでるだけでは？と自省してみたことがあるか？
確たる証拠なしに証言のみで「犯罪はあったはずだ」「犯人は日本軍だ」と断定するのは「推定有罪」であり「決めつけ」であり「えん罪」を作るもとなんだが
その辺の自省はどうだ？ 相手が国ならえん罪でっち上げてもかまわんか？
まぁ 日本軍への偏見から「強制連行したはずだ」と決めつけるのも よしとしよう
ただし それなら反論させてもらう！
しかし あんたらはわしが 勉強して
日本軍による強制連行はなかったとしか思えない
これ このとおり高額の賃金を払っていた資料もある
と言ったらセカンドレイプと言う
つまり疑うことを許さない
反論を許さない
要するに言論を封じたいのだな？
43団体

特にわしが驚いたのは
欄外のジョークを
本気で「女性差別」と
言ってるところだ

これには あきれ果てて
おもわず そこら中の男
カマほってホモにして
逃げたくなったわ！

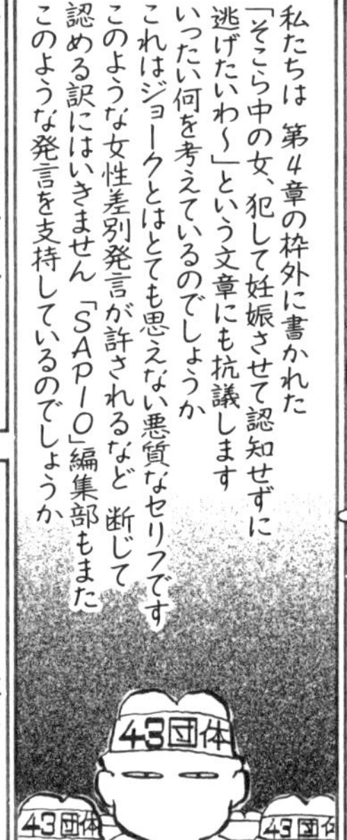

私たちは 第4章の枠外に書かれた
「そこら中の女、犯して妊娠させて認知せずに
逃げたいわ～」という文章にも抗議します
いったい何を考えているのでしょうか
これはジョークとはとても思えない悪質なセリフです
このような女性差別発言が許されるなど 断じて
認める訳にはいきません「SAPIO」編集部もまた
このような発言を支持しているのでしょうか
43団体
43団体
43団体

かつてオウムの青山吉伸も
わしのブラック・ジョークに
怒って訴状にまで
書いてきたことがあったが…

フェミニズムが宗教化すると
冗談でも「犯したい」などと
いう言葉は使わせない
死語にする ということか！

そしてこの43団体は
とうとう こう要求する

1、「新ゴーマニズム宣言」での元「従軍慰安婦」へのセカンドレイプと女性差別発言についての謝罪広告を「SAPIO」誌上に掲載すること。

2、抗議と申し入れ書の全文を「SAPIO」誌上に掲載すること。

3、「新ゴーマニズム宣言」の第24、26、27、29章等、元「従軍慰安婦」への侮辱的な漫画の単行本化をしないこと。

以上。

文責：まえだ　けいこ

1996年11月20日

完全な言論封殺である！

もちろんそのような関与もあったのだろう
日本軍は戦場レイプを防ぐため そこまでこと細かに関与して慰安婦に働いてもらってたのか！
IIの「強制連行」については
日本兵に連行されたという証言は韓国では少なく「業者にだまされて連行されたケースを含めて」強制連行と定義する としている かつてに
業者による強制連行はあった
そりゃそーだ 業者にしてみれば すでに金を親に払っているのに 買った娘が 行くのを拒んでいる となったら力ずくでも 連れて行っただろう 親も見ぬふりをしてたのだ 日本の東北の貧農でも 昔 あった悲劇である
また 中には相当悪質な業者も いただろうから「いい仕事がある」と だまして連れていったケースも あったかもしれん
よって抗議文に「証拠」として書かれていることすべてが事実だと仮定しても結論として導き出されるのは…
1. 強制連行以外の軍の関与ならあった
2. 業者による強制連行があった
以上である
しかしどう読んでも軍が強制連行をしたということは書かれていない
43団体
しかしどう読んでも強制連行を軍が行なったということは書かれていない
軍の関与はあったのだ
強制連行もあったのだ
だから軍の強制連行はあったのだ
などというまるでバカボンのパパのような乱暴な三段論法は成立しない
これには
内地で軍の名を騙って誘拐まがいに慰安婦を集めてくる業者がいるから支那の方でも厳重に注意せよ
と書いてあるのだ！
43団体は「この通達が日本内地にのみ出されたことは」などと書いて完全に誤読してるが タイトルも読めんのか？「北支方面軍及中支派遣軍参謀長宛」と書いてあるじゃん アホか！
さらに言うが Iの軍の関与について 見解書に引用されてる通牒案だが これはよく「強制連行アリ」派の人々が「防衛庁で決定的な証拠が見つかった」と言ってるやつだが…
朝鮮人慰安婦への軍関与資料
「謝罪を」「補償を」の声さらに
政府
慰安所 軍関与示す資料
おまえたちは文章を読めんのか？
つまり強制連行させないように軍が関与していたのだ！
なんという事実！
日本の統括下にない戦地・支那にまでわざわざ日本軍はこのような人道的配慮をするよう通達を出したのだから 朝鮮や台湾ではとっくに配慮はなされていたのだろう…

もう一つ資料の読み方を教えといてやるこれなー…
『軍』慰安婦急募
ここに(許氏)って書いてあるだろーこれが広告主の名つまり朝鮮人の業者の名だね
朝鮮人の業者が慰安婦を募集してるの！
43団体
広告の対象は女性たちを抱えている周旋業者と見るのが妥当であろう
43団体
バッカじゃねーの
読みゃわかるじゃん読みゃ！
なんでそうことごとく単なる文章が読めんかね？
わざと間違えてるんか？
最後に43団体の愚劣さの極みを指摘しといてやろう
強制連行を裏付ける証拠が 被害者の証言以外にないのが現状であるならば
強制連行はなかったという証拠がないのも現状である
43団体
最近 追いつめられた強制連行アリ派がぶちかますでたらめな発言の典型例がこれだ！
強制連行があったという証拠はないが、なかったという証拠もない
43団体
例えば殺人事件で裁判やってて殺したという証拠がひとつも出てこなかったとしても無罪にせず「殺してない証拠はない」と言っていつまでも裁判続けるだろうか？
殺してない証拠はない!!
殺した証拠もないけれど…
相手を犯罪者だと言い出したやつには立証責任ってもんがあるんですよ！常識なんですよ！
被疑者の方に証拠出す義務なんかないんですよ！
43団体
43団体
へをこいた！
？
音もしなかったし
ニオイもない
へをこかなかったとゆー証拠もなーい
むちゃな〜〜
証拠を出せー
え〜〜っ
やっぱりへをこいていたーっ
ぷ〜〜っ
むちゃな〜〜っ
この「なかった証拠はない」という言い分UFOや心霊方面の人が科学者に論破されつくした時言い出すセリフにそっくりだ
UFOが来ていない証拠はない！
霊が存在しない証拠はない！
そう言っても薬害エイズの時みたいに政府が証拠を隠してるじゃないか
最近 この意見も多い

しかし薬害エイズなら
わしは詳しいが
厚生省が「ない」
と言い続けていた
資料が
すでにNHKの
『埋もれた
エイズ報告』
という番組で
映っていたのだ
NHKが独自に入手した
「エイズ研究班」配布資料
だからわしらは
「NHKに映ってた資料を
出せ」と言ってたのだ
情報公開
されれば
明らかになる
この意見も
宇宙人の死体を
NASAが
隠しているのだ！
というのと同じ
陰謀史観だ！
43団体
大体 数十万人もの
慰安婦を
強制連行して
その記録を完全に
隠ぺいするなんてことが
できると思う方が
どうかしている
わかったかね
43団体のしょくん
だれか身近に
国語力のある人は
おらんのかね？
ちゃんと読解力の
ある人が通訳して
やってくれんかね？
マンガでここまで
詳しく描いてわからん
のなら もうおしまいじゃ
心が
おお
きい
けんの！
ただ わしの出身地の
福岡からの抗議ってのが
なさけなか！
北海道の女性の
ヒステリックな
意見を紹介した
時の章を見て
北海道出身の
西部邁氏が
はずかしいよ
ぼくは…
…と頭かかえ
てたけど…
けど わしは
あんたらがこうまで
デタラメな根拠で
言論封殺してきたって
ことが明白になっても
謝罪も
要求せん
「二度とバカな発言するな」
とも言わんよ
福岡は43団体
やもんねえ…
なさけのうて
博多弁を
忘れてしまいたか
くらいですばい
朝日新聞と
西日本新聞に
載ったもんやけん
親や親戚が
あんたの息子は
また何か
非道なこと描いて
抗議されとる
ごたるね
…といじめられよる
朝日と西日本は
こういう記事
書いてくれるか？
朝日新聞
言論封殺に
屈せぬ「新ゴー宣」
小林よしのりさん43団体を
完全論破！
またV×ガス出すか？
紙面から
書くわけ
ねっか！
報道被害
たれ流しか

とにかくもう論壇では藤岡信勝・秦郁彦上杉千年・中村粲氏らの追求によって従軍慰安婦問題の虚像は 崩壊したも同然の呈である
強制連行アリ派の学者は公開直接対決はかならず逃げる
わしが出てる『異議あり！』という番組でもみんな逃げたらしい
ここまで根拠のあいまいな「従軍慰安婦」を来年の教科書に載せようってんだからデタラメもいいとこではないか！
この章が発売の頃はすでに発表されてるはずだが わしは流れを変えるためにこれに参加する！
「新しい歴史教科書をつくる会」
まず従軍慰安婦の中学教科書からの削除を要求する
12月中に文部大臣が決めるらしいから注目していよう
そして97年から実際に新しい教科書を作成 提供する準備に入るのだ
呼びかけ人は
山本夏彦
藤岡信勝
西尾幹二
坂本多加雄
高橋史朗
阿川佐和子
林 真理子
深田祐介
わし
詳細は次回記者会見を済ませてから描くことにする
ごーまんかましてよかですか？
自虐史観の生み出したものは正義をふりかざして言論封殺を図る43団体のスターリニズムだ！
43団体
わしはハト派でもタカ派でもないぞ
わしはワシ派なのだ！

初出では「言論弾圧」と書いたが、「言論封殺」に改めた。
「言論弾圧」は権力が行うもの、「言論封殺」は民間が行うもの、両者は区別する必要がある。
現在ではSNSの普及やネット署名サイトの登場で、容易に数を集めてメディアに抗議し圧力を加えることが可能になってしまい、この頃とは比べものにならないくらいメディアは萎縮しやすくなっている。
権力が弾圧しなくても、言論は封じられる。
批判はいくらしてもいい。しかし、抗議や恫喝・脅迫は言論の自由を萎縮させる！
言論の自由は、出来る限り広い範囲で担保しておかなければならない。

1997年1月10日、
テレビ朝日の番組
『異議あり！』でわしと
43団体の有志ら5人の
討論が行われ、わしが
圧勝した。

左派の出演者は
吉見義明氏（当時・中大教授）
梶村太一郎氏（ジャーナリスト）
西野瑠美子氏（ジャーナリスト）
下村満子氏（ジャーナリスト）
高嶋伸欣氏（当時・琉球大教授）
など。

そしてそれから
間もない1月31日、
『朝まで生テレビ！』で
慰安婦問題がテーマになり、
わしや現代史家の
秦郁彦氏（当時・千葉大教授）、
「新しい歴史教科書をつくる会」
で共に戦っていた
西尾幹二氏（当時・電通大教授）
藤岡信勝氏（当時・東大教授）
らが出演した。

だが、番組制作者は
『異議あり！』での「失敗」を
繰り返さないようにと、
様々な「仕掛け」を用意して
いたようだった。

なお、この時の司会は
田原総一朗の
体調不良のため水口義朗
（当時・「婦人公論」編集長）
だった。

慰安婦
第8章
朝ナマで見た
凶暴な善意の
ファシズム

拝啓「朝ナマ」観ました
生まれて初めて
"この国はヤバイ"と
恐れを抱きました
どうしてあんなに大勢
大人になり切れない
純粋まっすぐ人間が
生産されてきたのでしょうか
よしりんの言葉が
会場に広がって行かない
ことに恐ろしさを
感じました
(東京都・渡辺明生)
それにしても
すさまじい討論でしたね
「強制連行派」の闘い方は
ますます手段を選ばない
ものになりつつあります
それはイデオロギーによって
強固に作られていた自分の
世界観を「強制なかった派」
によって解体される恐怖感
から来るものです
(清水市・渡辺洋志)
舞台設定が
公平でなかった
「謝罪派」と「否定派」の
パネラーの人数が違い
司会者が冒頭から
「謝罪派」であることが
明らか
さらに観衆の多くは
「謝罪派」によって
占められており
いわば
「仕組まれた討論」
であった
(福岡県・緒方和敏)
作品についての感想が
どっと届くことはあったが
テレビの番組を見ての
感想が こんなに届いた
のは初めてだ
よしりんの名セリフが
どれだけの人々に
届いたのか
私は不安です
「純粋まっすぐ君」って
こんなに大勢いるのか
という驚き
問題は番組で
彼らを見た人が
「気持ち悪さ」「こわさ」
「ヤバさ」を感じることが
できたかどうかです
(埼玉県・工藤圭介)
1月31日
『朝まで生テレビ!』
従軍慰安婦と
教科書問題
今 思い出しても
ヘドが出そうな
最悪の番組だった

実はこの『朝ナマ』に先がけて 1月10日『異議あり』という番組で わしは43市民団体の有志と佐高信を相手に 1対5の討論をやった
前代未聞の完全なハンディキャップ・マッチである
ところが今回の『朝ナマ』では…
西尾さん 覚醒剤でもやってんじゃないの?
自民党のタカ派のアブラぎった人たちから金をもらってるくせに
これだけの狂信者の目の前で話せて光栄だなぁ
視聴者からの反響は…
小林さんの意見を支持・108
市民団体の意見を支持・60
…と出てわしの圧勝!
内容についての個別のアンケートでも…
1 商行為だったのでは
2 もっと自国の歴史に誇りを持つ
3 当時の視点で議論されるべき
4 他国の状況も正確に伝えるべき
…などの項目が上位を占め世論を動かしつつあった
いきなり わしら「新しい歴史教科書をつくる会」への目いっぱいのウソ・中傷デッチ上げ…「歴史修正主義」のレッテル貼りから始まった
司会の水口義朗は全く注意せずニヤついている
ウソだ!金なんかどっからも出てない
むしろ金なくて困ってるくらいだ
金くれと言いたい
小林さん本の印税入ってるから金持ってんじゃないの 説得力ないよ
おまえらのおかげで在外邦人がどれだけ迷惑してると思ってんだ──っ
絵はあったからかいてんだよ──
そおだ──っ
ありがとよ!
どっちがヤクザだ──っ
なんと…こんな下品で悪質なジョークで観客がわくのである
どわはは
中傷外人だけではない ゴロツキがいる! ヤギヒゲのチンピラジャーナリストがものすごい野卑な罵声でくってかかって来て すごい不快なのだ
人の話す間も延々と茶々を入れる
ドイツで
そのとーり
そーは思わない
わかってますよ
司会者・水口はいっさい注意しない

なかなか戦闘的な人がいますが……
今のところ強制連行を証明する資料は出てないということです
じゃ私があとから見せますから
どーぞ見せてください
たのしみにしておけ
ふん
なんだそりゃ時代劇か?
50になってるトシだろうに紳士のかけらもない
吉見義明氏がパネルを使って延々と「慰安婦の就業は国際法に違反してる」と説明してるが全く意味がない
そもそも国際法なんて罰則規定のない単なる慣習法だから何の実効性もない
この人、青山吉伸にそっくりだなァ…
なんと実はこれで 議論は終わっているのだ!
人さらい・奴隷狩り…といった類の強制連行は植民地では一件も確認されていないのである
韓国では今「奴隷狩り的」強制連行があったと報道され信じられている
世界にもそのようなイメージで「セックス・スレイブ」と伝えられているのだ
日本國家の責任で正當な補償をせよ
それよりここで西岡力氏が突っ込んだ時…
では朝鮮では常識になってるんだけど強制連行は確認できてないんですね?
そ…そうですね
何が問題か
慰安所での強制
これは吉見義明が認めた歴史的瞬間である
そのきっかけはこの吉見義明が作ったのだ!
少なくとも彼は韓国に行って「それは誤解だ」と訂正する義務がある
それが学者の良心ってもんじゃないか!!
보상하라
実質的議論は終わっていても番組は続く…
やつらは強制連行の拡大解釈へ話をスライドさせる
スタジオ全体に善意の空気によるファシズムを醸成しつつ…
ほんとに信じられないんだけどもどーして最初から「売春婦でしょ」とくくりつけるんですか?
うん うん
んむ…
売春婦でなかったら何なんですか?
ザワザワザワ
アアア
「売春婦」…すでにこの言葉がタブーなのだ
このスタジオでは「売春婦」と言うとどよめきが起こりますます こちらが悪玉に仕立て上げられる

録画してる人は
もう一度
見てみるがいい
番組中
ただの一度も
こちら側には
拍手が起こらず
むこうには
ゴロツキの発言
にさえ拍手が
起きているのだ
おそるべき
空気……
日本が
大東亜戦争に
突入していく時は
まさに
この様な空気が
異論を圧迫して
いたのだろう
やっとわしはビルマでの
「慰安婦を連合国側が
調べた報告書」を
読み上げることができた
なんせ第三者
いや 日本からは
敵国である
アメリカが
調べた報告書
なのだから
一級の証拠である

生活および労働状況
ミッチナでは慰安婦たちは、通常、個室のある二階建ての大規模家屋に宿泊していた。それぞれの慰安婦はそこで寝起きし業を営んだ。(中略)欲しい物品を購入するお金はたっぷりもらっていたので彼女たちの暮らし向きはよかった。
彼女たちは、故郷から慰問袋をもらった兵士がくれるいろいろな贈物に加えてそれを補う衣類、靴、紙巻きタバコ、化粧品を買うことができた。
彼女たちはビルマ滞在中、将兵と一緒にスポーツ行事に参加して楽しく過ごし、またピクニック、演芸会、夕食会に出席した。彼女たちは蓄音器をもっていたし、都会では買い物に出かけることが許された。

他にも この報告書に書いてあることは…
。慰安婦は接客を断る権利を認められていた 。借金を返済し終わった特定の慰安婦には帰国が認められていた 。慰安婦の健康状態は良好だった 。結婚の申し込みの事例はたくさんあり実際に結婚が成立した例もあった……etc.
西野ってやつが
「連合国側は
そこが慰安所って
ことがわかってない」
などと言ってたが
「慰安婦は…業を営み」
と書いてあるんだから
売春施設ってことは
ちゃんとわかってる
売春婦にしては
ずいぶん暮らし向きが
いいことに驚いている
少なくとも これじゃ奴隷
とは思いようもなかったろう。
とうとうヤギヒゲが
予告していた とっておきの
資料を出した
これは中国の
戦犯管理所で
とらわれた日本兵が
書いたものです
強姦所？
ぶわーッははは
吉見義明よりも早くから
慰安婦の問題も調べつくしていた
秦教授が資料価値を否定した
こんなの
聞いても
しょーがない
ファクトじゃ
ない
何でだ？
何で
ファクトじゃ
ないんだ？

拘禁状態で戦犯として書かされたものはダメ!
大体 日本語がおかしいよ 「強姦所」なんてこんな名前つけるわけがない
中国人がつけたんでしょう
この日本人は中国につかまってホントにざんげした人なんだ
処刑されたんですか?
この人?この人は免訴になりました
こんだけひどいことして免訴になったんですか?
そのとーりですよ
へーーえ
それが中国の寛大政策だったんですよ!
うわーっはっはっはっ
こいつ共産主義者だ~~っ
強姦集計表を作ってるんです
強姦相手の女性の年齢を20歳とかぴしゃっと書いてますが犯す前に年齢聞いたんですか?
そうです
どわーーっはっはっはっ
慰安所に通ったって書いてるの?
彼自身は慰安所という言葉は一つも使ってない
?
?
もうあきれるしかない…
こんなものは吉見義明もさすがに学者として認めんだろう
これからも中国から反日のために作成したデタラメな文書が出てくるだろう 共産党ルートか?
このバカ丸出しの「強姦所」の資料が大ハジで終わってしまった時スタジオの空気はさらに抑圧的になる司会の偏向度が強まるのだ!
日本の悲劇犯罪・悪だけを探す吉見さんの情熱はすでに病理の域に入っている
しかし日本の悪を拡散させていいとはいえない
各国が自分が気がついた悪を書くべきだ
おいおい司会者よ…
西尾さんが吉見さんに言った「病的」は人格を傷つける言葉だ人権侵害だ
そーだァ
パチパチパチパチパチパチ
驚いた…!みんな大拍手するとは…
吉見さんを病的という言葉はないと思います

高校生のFaxが来てます
私は品格で歴史を学ぼうと思わないし売春を慰安婦と同一視するような下品な大人から品格や歴史を学ぼうと思わない
わしは次の様な話をしてみた
プラトニズムの病というのがある
どこかに善意と正義の王国があるそこを目ざすために自分の中の罪と悪をとことん暴いて消失させ自分の心の中を善意の固まりにしてしまおう
よく考えてください人間とはそこそこ半分の悪と半分の善とのバランスをとって生きていくもの
だから外国の例を出したらおかしいとか外国がどれだけ悪事を働いていようと…
パチパチパチ
またこっちに悪玉のレッテルを貼ったまさにこのFaxの内容が中傷ではないか!
…そう考えたのがオウムの信者だ
吉見さんに近いですね
日本人だけが「純粋まっすぐ」であればいいじゃないか!などと言ってること自体が実にこっけいで幼稚な考えでしかない!
例えば「いじめ自殺」の問題もそうです
いじめられた子が自分の中の悪というものを認められなくて
最後には自分の中の暴力の悪で反抗していいんだという感覚すら持てない
いじめられれば自分が悪い自分が悪い自分の中にもっと悪いものがあるんじゃないか?だからいじめられるんじゃないか?と思い続けて死んでしまう
それをわしはプラトニズムの病…純粋まっすぐ病と言っている
そういう病に今の日本人の多くがかかっているんではないか?
はい西尾さんねここはディベートなのでやはり吉見さんを中傷する言葉は取り消していただきたい
なんだこいつは?
番組の最初にデーブがわしらに吐いた暴言には何も言わなかったくせに吉見がおとしめられると執ように守ろうとする!
西尾さんちゃんとあーた取り消しなさい
取り消しますと言わないとダメです
日本政府といっしょじゃないか
取り消します
うわ~~~っこの2人のいびつな正義病的抑圧は何だ~~~~っ

西尾さん
かたくなに
なっても
何ですから
またこのバカ司会者め！
わしはまさにここに
「謝罪せよ
謝罪せよ」と
日本を
追いつめてきて
日本人
一人一人の思想
そのものまで
矯正しようとする
韓国の
横暴さを見た
……キレた
ほら！また
それになってる
訂正しなさいと
強要してるが
それが中傷だったとしても
その悪を自分が
背負う気なんだから
いいじゃないか！
今 司会者である
本来 中立の
立場の者が
「中傷なんじゃ
ないか」と言ったん
だから 後は
視聴者が判断する
それでも
相手の考えを
ムリにでも
変えてしまえ
というのは
思想弾圧
ではないか！
小林さん
だれにだって
失言は
あるでしょ？
アホか！本人が間違ったと
思えば あやまって良いが
西尾氏は確信的に
「正義病にかかってる」と
思っているのだ！
単なる失言じゃない！
てめーらのがすべて
失言・暴言・妄言じゃねーか
それでもこっちは〝謝れ〟と言わなかった！
プラトニズムは
すでに
スターリニズムに
転化している
こいつら
サヨクだから
しゃーねえがな
子供がこう
言ってますね♪
現実に
あったことは
書けばいい
と思う

学生の立場から言えば
〝従軍慰安婦〟は
あったわけです！
「学生の立場」って
何だ？
わしの読者には
もっとかしこい
学生がいっぱい
いるんだぞ
何が子供が言ってるだ
こんな明け方まで
子供が起きて
わいせつな番組を
見るな！
子供と
言ったり
学生と
言ったり
女性と
言ったりしても
それでわしが
ひれ伏すとでも
思ったか
ドアホ！
後半 追い込みになると
Faxを利用して
司会者が ろこつに
むこうに引っぱっていくな

ここで西岡氏がすごい事実を読み上げた
韓国では1990年代でも年に400人の女性が行方不明になっておりどこかの私娼街に売られているというのだ
平和時の今でこのすさまじさだ
戦時中はどれだけのブローカーが暗躍したことか!
ギャラリーの側にマイクが渡った
この男は出版労連のやつで教科書対策部の事務局長
この女は『異議あり』の1対5討論の時スタジオに見学に来てた運動家だ
悪いことしたら謝りなさいと親に言われました
これは韓国人
これは民青だな

スタジオ総がかりで「つくる会」を悪党にしたてようとしてる中
藤岡・西尾氏が反論しようとするのでわしは制止した
ムダだ!
こちらが強引に言えば言う程悪のイメージは増幅していく
そう仕組まれてしまったのだ
後は頭のいい視聴者がいることを祈るしかない

たった一人こちらの側に立って発言してくれたきみありがとう
これだけ意見が割れる従軍慰安婦を教科書にのせるのはやっぱりおかしいと思う
ちなみにぼくはこのスタジオでは少数派ですが西尾さんらを支持する者です

そしてまた締めくくりで偏向司会者・水口がFaxを読んだ

他の国でもしてるのにどうして日本だけがという考えはあまりにも女性の人権に対して無責任です
日本は先頭に立って戦争下での女性の性について研究していけばいいんじゃないでしょうか
…と女子学生から来てます

ここまでとことん番組全体で操作しても救いはFaxの数…
教科書に〃従軍慰安婦〃をのせるのに

賛成 257
反対 210

大きく引き離されることはなかった

オレとは
関係
ないから
前の世代が
やったことだから
…もう何も
言うことはないわ
『異議あり』の時は
1対5のハンディキャップという
条件を こっちも了解してたので
そのつもりの構えで
臨むことができた
しかし今回は
ジワジワと変だ 妙だと
わかっていき
司会もギャラリーも
仕組まれているのに気づいた
時は もう遅かった
ただひたすら
人間というものに
あきらめの感情が
わいてきて
落ち込んだ…
しかしそれでも
わしの力量不足
だと思う
わしはこの様な
「逆らえない空気」が
世の中を支配した時
一気に風穴をあけて
悲劇を防げるか？
という問いを
よく自分に発する
言論ファシズムに
対抗できる言葉を
自分が持てるか？
それが
課題だ
命がけでも
それを
やらねば
ならない
今回 スタジオの
中を覆っていた
凶暴な
善意の
ファシズムを
くずせなかった！
「次のファシズムは
〝ファシズム反対〟の
声と共にやってくる」
…という言葉がある
人権の旗を
掲げて
櫻井よしこさんの
講演をつぶすのも
それだろう
人権を守れ
林真理子さんの
ところにも無言電話
いやがらせ電話が
しょっちゅうなので
申し訳ない思いだ
…
※「つくる会」の呼びかけ人は解散！もう、林・阿川両氏をいじめるな！
むろんすでに
「藤岡信勝と小林よしのりを
殺す」という脅迫電話も
ひんぱんにかかってきている
失敗したね
わし…
大丈夫だって
小林さん！
今の
視聴者は
かしこくなってる
から ちゃんと
見ぬいてるって！

果たして翌週の月曜にはもう手紙の山が……！
もう メディアの側が置いていかれてるのかもしれんのですよ
やばいのはメディアの担い手より見てる側の方がかしこくなってることなんです
うおおお なんてこったい
みんな見ぬいてる〜〜〜っ
よし！みんな見ててくれ
何もせんでいい
ただ〝良き観客〟として見ててくれればいい！
わしはやるだけやってみる

失敗するかもしれん
ひょっとして負けるかもしれん

そしたらみんなそれを教訓にしていつかやれる時が来たらやってみればいい

ごーまんかましてよかですか？

みんな見ててくれるだけでいい
わしが試しにやってみる！

この時は
こんなこと言ってた
デーブ・スペクターが、
今では慰安婦少女像について
「あれは印象操作で、未成年
のような少女じゃない！
大人だから！
ビジネスになっていて、
あれ建てると何百万も
もらったり、背景を知ると
裏の団体とか複雑すぎて、
安易にオブジェとして飾る
ものではない！」なんて
発言しているのだから、
変われば変わるもの
である。

この時は
「仕組まれた討論」に
やられたと思ったが、
実際には番組内で
行われたアンケートでも、
番組が進むにつれ
わしらへの支持が増え、

3時から5時の集計では
わしらへの支持が46・5％
左翼側への支持が41・5％で、
逆転していたということを
後で知った。

すでにこの時、
潮目は変わり
始めていたの
だろう。

前章の『朝ナマ』に出ている吉見義明は慰安婦問題で左翼の「理論的支柱」と呼ばれている学者だ。
その吉見は、「SAPIO」1997年5月14日号に「小林よしのり氏の『従軍慰安婦』認識は『木を見て森を見ず』の類だ」と題する批判を寄せている。
次章の初出は「SAPIO」1997年5月28日号、〈特別ふろく〉はその吉見の批判に対する反論である。

慰安婦
第9章
わしは広義の強制連行による漫奴隷だった!

みなさん聞いてくだされ
わしは広義の強制連行による漫奴隷なのです
あれは20年前福岡でわしがまだ汚れのない大学生の時じゃった
「少年ジャンプ」でデビューして
そのデビュー作の主人公で何本か描いてみるよう言われ…
5～6本下描きを送り続けていると…
ある日突然当時のN編集長が福岡にやって来てこう言う
きみはプロになる気があるのか?
はい
よしじゃ連載するよ
ええっ!?

吉見義明氏の
「従軍慰安婦認識」は
「木を見て海だと
言い張る」の類だ！

「はじめに」への反論

「従軍慰安婦」という言葉は当時なかったが、戦時中「慰安婦」という人たちがいて、軍はこれに関与していた。ここまでは議論すべき点はない。

　問題は、それが「強姦」だったのか「売春」だったのか。これだけだ。

　では、「強姦」と「売春」はどこで区別するのか。それは、その女性が暴力的な「拉致・監禁」の状況下にあったかどうかの一点にかかる。しかもその責任が国にあっ

たと言うには、狭義の意味での「官憲による奴隷狩り的強制連行」があったと証明する以外ない。

これを吉見氏が言うように「本人の意思に反した場合はすべて『広義の強制』だ」とするとどうなるか。現在ソープランドで働いている人でも、本人がたった一言、「本当はこんな仕事したくはなかった」と言いさえすれば「広義の強制」が成り立ち、強姦の被害者だということになるのだ。しかも吉見氏は「公娼制も性奴隷」と書いているからソープ嬢も性奴隷だということになろうし、法律で禁じられている売春を国家が黙認しているのは明白だから、国家補償に持ち込むことも可能である。「広義の強制」などと言い出したら議論にならないのだ。

「強制連行について」への反論

現在、韓国ではまさに「狭義の強制連行があった」というのが公

式見解で、一般常識である。
　これは吉見氏が発表した資料が発端で起きた誤解である。「狭義の強制連行は確認できない」と認めた以上、吉見氏は日韓友好の見地からも、一刻も早く韓国に対して公式見解の訂正を求める責任がある。なのに、なぜそれをしようとしないのだろう。
　なお、「狭義の強制連行は占領地であったことは確認できる」というのは単に一部軍人の軍規違反による暴走行為であり、発覚したものは処罰されているし、「朝鮮半島については被害者と元総督府職員の証言が食い違う」というのは、元職員は「強制連行などなかった」と言ってるわけだから相変わらず根拠は元慰安婦と称する人の証言しかない、ということを繰り返したにすぎない。まだ資料があるというが、石原元官房副長官、平林内閣外政審議室長、河野元官房長官らが「資料は全部調べ、残っているものはない」と言っている

のに、一体どこにあるというのか。「業者は軍が選定した」というが、例えば吉見氏が挙げた「支那渡航婦女に関する件伺」という資料にも、業者選定に当たっては「特に身許確実なる者を選定すること」と書いてあり、それは「悪質な業者を入れないように」するためのものだったことがわかる。また、「契約内容及現地に於ける婦女の保護は軍に於て充分注意す」という記述もあり、実際に資料を読めばすべて「慰安婦のためを思っての関与」なのが一目瞭然である。

　吉見氏は軍の関与の具体例を一々指摘するが、もっと大枠の「軍は、何のために関与したか」ということは一切考えておらず、全体の構造を無視している。「木を見て森を見ない議論と言われても仕方がない」のは、吉見氏の方ではないだろうか。

　なお、業者に朝鮮人が多かったことに関して「もっとも汚い仕事は朝鮮人にやらせるという植民地

支配のあり方の問題」と書いているが、実際には慰安所経営は高収入で、それが目当ての日本人業者もいたわけだし、朝鮮人業者も別に汚い仕事を押し付けられたわけではなく、しっかり稼いでいただけの話だ。朝鮮人業者が多かったとしても、それは朝鮮人慰安婦を扱うには朝鮮人業者の方がよかったからという程度のことでしかない。それより問題なのは、どうやら吉見氏は売春業者を「もっとも汚い仕事」と決めつけているらしいということだ。それこそが差別ではないのか？「差別問題に敏感な」当方としては、これを見過ごすわけにはいかない。

ところで、募集時の違反行為を防ぐようにという指示が内地に出されたが朝鮮・台湾では出されなかった、差別だ、と吉見氏は言っているが、当時は慣例として植民地でも内地に準じた扱いになっていたことが多い。よって「通達がなかった」ことだけでなく、実際

に日本人慰安婦と朝鮮・台湾人慰安婦の募集に関して差別的取り扱いがあったかどうか確認しなければならない。

渡航許可証発給や慰安婦登録の資料、軍医の証言などを見ても、日本人と朝鮮・台湾人の間に差別的な扱いは確認できず、まして違法な募集があってもわざとそれが野放しになっていたなどと判断できる材料は何ひとつない。もっと事実を深く見つめるべきだろう。

「慰安所での強制」への反論

次に吉見氏が「もっと重要」という慰安所での強制。「自由がなかった」ということをどこまでも拡大解釈していくわけだが、一体どこに吉見氏が言うような「強制」のない職業についている人がいるというのだろう。勤め人にはイヤな仕事だからといって「拒否する自由」などないし、勤務中は「外出の自由」なんてない。これが奴隷状態だというなら、世の中全員

先日
髪を上げて
ジェルで
固めようとしたら
額のはえぎわに
何本も白髪が…
しかも
どれも同じ
長さだ
3センチ
くらいの…
髪は1か月に
1センチ伸びる
というから
3か月前の
ストレスが
原因だ
慰安婦問題から
教科書問題をやって
ものすごい抗議を受け
あの『朝ナマ』の一件で
ぶわっと白髪が増えた
謝罪
フケたぜ
……………
カナモリはハゲ
わしは白髪
2人で
復讐をしようと
誓い合った
今まで
「たかが漫画家」
という差別に耐えて
ずっと黙ってきた
しかし
「広義の強制」が
あったとか
「完全な自由」が
なかったとか…
そんな
べらぼうな論理で
国が謝罪するほどの
被害者だというのなら
わしだって
被害者に
なりたいっ！
国は わしに
補償を
国家は
わしに
謝罪しろ
ごーまんかまして
よかですか？
人はみな
広義の強制と
制限された自由
の中で
生きている
したがって
その気になれば
かならず
被害者になれる

一人残らず奴隷だ。
前借金で縛られていたから「廃業の自由」もなかった、なんて主張はもうムチャクチャだ。それを言うなら「借金踏み倒しの自由」を認めるしかない。今だって借金に追われてヤバイ金融機関に手を出し、「強制労働」させられている人はいくらでもいる。若い女ならフーゾク関係の仕事の選択を余儀なくされるというのもよくある話だ。吉見氏は50年以上前のことを発掘するより今現在苦しんでいる数多くの「債務奴隷」を解放すべく運動を起こした方がいいのではないか。

毎度おなじみイロイロ市の資料だが、何度見てもこれでわかるのは「外出時間・区域が制限されていた」ということだけだ。占領地という事情を考えれば安全に配慮したものかもしれず、その制限が「奴隷的に拘束するため」であるという証拠はどこにもない。

慰安所で軍人の暴力が多かった証拠として「軍人軍属非行表」を挙げているのは学者の態度としてあきれる他ない。「犯罪白書」を読んで、「日本は大犯罪国家だ」と言ってるようなものである。

『新・ゴーマニズム宣言』に異議あり！
小林よしのり氏の「従軍慰安婦」認識は「木を見て森を見ず」の類だ

〝『新・ゴーマニズム宣言』で小林よしのり氏が展開している慰安婦論争には、木を見て森を見ない意図的な資料操作がある〟――学者の立場から、元慰安婦への国家補償の必要性を説いてきた中央大学教授の吉見義明氏は、小林氏の主張をこう批判する。吉見氏は慰安婦資料から、どのような日本国の責任を読みとっているのか？

論争シリーズ
「教科書問題」私はこう考える
中央大学教授 吉見義明 YOSHIAKI YOSHIMI

はじめに
「朝まで生テレビ」（1月31日深夜）での私の発言内容を、小林よしのり氏が歪曲して紹介している（本誌3月12日号）。このままでは、本誌の読者に誤った認識が広まってしまうので、反論したい。
まず、私がいっていることは、強制連行を「官憲による奴隷狩りのような連行」（以下、狭義の強制連行と呼ぶ）にかぎり、それだけを問題にするのはおかしいということだ。これを抜きにしては議論にならない。問われているのは、日本が当時の国際法に違反したということで、次の三つが問題となる。
第一に、どのようにして連れて来られたにしても、慰安所で強制があったことだ。第二に、慰安所で未成年者を使役したことだ。第三に、強制連行があったことだ。そして、強制連行には、業者がお金（前借金）でしばって連れていくこと、だまして連れていくこと、

73 SAPIO 1997.5.14

「米軍資料の読み方」への反論

ビルマ・ミッチナにおける米軍資料は、吉見氏がもっとも重要なポイントだという「慰安婦の生活は奴隷状態」の主張を根底から覆すもので、吉見氏は躍起になって「この資料を額面どおりに信用してはいけない！」と力説している。
しかしこの資料は吉見氏が編集した資料集に入っており、解説で自ら「大変興味深い資料である」「ヨリチ軍曹は二週間にわたって一人

ずつ詳細に調べ、膨大な報告書をつくってOWIレド本部に送ると大評判になったという」とその価値を高く評価しているではないか。自分の運動に都合悪くなったからといって途端に資料の評価を変えるとは、学者としての信用性を疑わざるを得ない。

日系人のヨリチ軍曹は朝鮮語ができたかどうかわからないというが、実際には当時の朝鮮人は皇民化政策で日本語教育を受けていたし、尋問を受けた慰安婦はいずれも2年も日本人相手に商売してたわけだから、当然日本語はできたはずである。そうでなければどうして報告書に「自分のことばかり話したがる」などと書けるだろうか。その他の資料解釈の仕方も、すべて全く根拠のない推測・憶測を述べたに過ぎず、「慰安婦とは性奴隷でなければならない」という結論がまず最初にあり、無理やりその結論に結び付くような解釈をひねり出しているとしか思えない。「木を見て森を見ない」どころか「木を見て海だと言い張る」ようなすさまじい資料操作である。

また、重要な部分をわしが隠しているかのように書いているが、「いい仕事がある」とだまされたケースが多かったが実際には多額の前借金が親に渡っていて、暗黙の了解があった、ということはすでにテレビ等でも言っているし、「小林氏は意図的にこれを無視している」と吉見氏がいう「心理戦尋問報告」第2号という資料にはこんなことが書いてある。

◇軍は彼女（慰安婦・引用者注）たちの人身売買からは何らの利益も得なかった。

◇慰安婦は彼女自身が稼いだ額の50パーセントを受け取り、交通費、食費、医療費は無料だった。

◇慰安所では、アルコール飲料（現地産）が自由に兵士に売られていたが、しかし、過度の飲酒や喧嘩に走ることのないよう、憲兵が気を配っていた。このような監督にもかかわらず、過飲するものがいる場合には、通常、憲兵はその男を慰安所から連れ出した。

……どこが性奴隷なんでしょうか。軍は何か悪いことしてますか？

そして「契約違反で慰安婦が帰国できなかったと明記してあるのに、意図的に無視している」と吉見氏がいう文は、こうである。

慰安婦は、彼女の家族に前貸しされたお金と、それに加えて利息を返済できた場合には、朝鮮に帰るための無料の交通の便宜を提供され、あとは自由の身であるとみなされることになっていた。しかし、1943年6月、第15軍司令部が、債務から解放された慰安婦たちを帰国させる手配をしたにもかかわらず、戦況のゆえに、これまでのところ、M739（経営者の捕虜番号・引用者注）のグループではだれ一人として、帰国を認められた者はいなかった。そして、前述の条件を満たして帰国を希望したある慰安婦は、他愛もなく説得されて残留することになってしまった。

軍は実際に慰安婦の帰国について便宜を図っていたのである。それが実行できなかったのは戦況の悪化で安全に帰国させる保証がなかったから、ただそれだけのことであるし、「他愛もなく説得されて残留した」というのも、命懸けで帰国したくなるほど過酷な生活ではなかったという証明に他ならない。

吉見氏は読者が資料を読んでないのをいいことに、自分の「意図的な解釈」だけを披露し、「小林はこれを意図的に無視している」などとデマを流しているが、なかなかの悪人ですなと感心することしきりである。

「未成年の使役」への反論

吉見氏は熱心に「国際法違反」を言うが、では明らかに「国際法違反」を犯して数十万人を殺した都市空襲や原爆投下、国際法を踏みにじったアウトローの所業だった東京裁判についてはなぜ不問に付し、「未成年の売春」などという、一人の死者を出したわけでもない違反について50年以上もさかのぼって断罪しようというのか。そもそも未成年の売春なんて古今東西どこにでもあるのだから、日本について国際法でこれを処罰しようというのなら、当時の条約加盟国すべての未成年売春の実態を徹底調査し、日本と同様の処罰を与えなければならないわけで、これを行わずして日本の未成年売春だけを断罪するというのは、それこそ国際法を踏みにじるものだ。

「他がみんなやっているからといって免罪されない」という主張は道徳の話としては聞いてもいいが（小学生の道徳ではあるが）、法の運用の話となるとまったく別である。小学生の道徳で法をねじまげられたのでは、たまったものではない。第一、吉見氏は国内法の「時効」を何だと思っているのだろう。国際法の精神を踏みにじって日本だけ裁き、さらに日本の国内法の「時効」を踏みにじってまで処罰しようというのだろうか。

吉見義明氏は商学部の教授だが、氏の勤める「中央大学」は明治18年創立の「英吉利（イギリス）法律学校」を前身とする法科の名門校である。その教授がこんなことを言ってていいのか、強く疑問を持つ。

吉見義明（現・中大名誉教授）は最近
『買春する帝国 日本軍「慰安婦」問題の基底』
（岩波書店）という本を出している。

吉見はもはや戦時中の慰安婦のみならず、
江戸時代の遊郭も、明治以降の公娼も、
現在の性風俗も、全てが「性的搾取」であり
「女性の人権侵害」であると固く信仰している。

同書は、明治に公娼制度が
成立してから、昭和33年（1958）に
廃止されるまでの、
買春の制度がどのように
変遷していったかを血眼になって検証し、
「公認の売買春があった大日本帝国は
『買春帝国』だ！」と糾弾するという、
ほぼイカレ切った著作である。

だったら、なぜ現在の性風俗産業を
全廃させる運動を起こさないのか、
不思議でならないが…

いつの時代だって、お金に困って、
あるいは大金を稼ぎたくて性を売る
女性がいたというだけの話であり、
これをハナから「性的搾取」だの
「女性の人権侵害」だのと決めつける
のは、実はその女性たちの主体性を
一切認めておらず、侮蔑し、
差別しているだけなのである。

そういうことは、
本書266ページに収録した
作家・泉美木蘭さんの手記を読んで
もらえば、常識のある人にはすぐわかる
ことなのだが、「プラトニズムの病」が
脳髄に達している吉見には、
もう死んでも理解はできないだろう。

慰安婦
第10章
右翼のレッテル貼りを排する女性に感謝

以前は常識だった教科書の歴史記述が、近年次々、書き改められている。

お馴染みの肖像画も、源頼朝ではないらしい。

江戸時代に「士農工商」という身分制度はなかったそうで、今の教科書には、「士農工商」も、「四民平等」も載っていないという。

鎌倉幕府の成立は1192と習ったが、今は1185年になっているらしい。

大化の改新は645年から646年に。

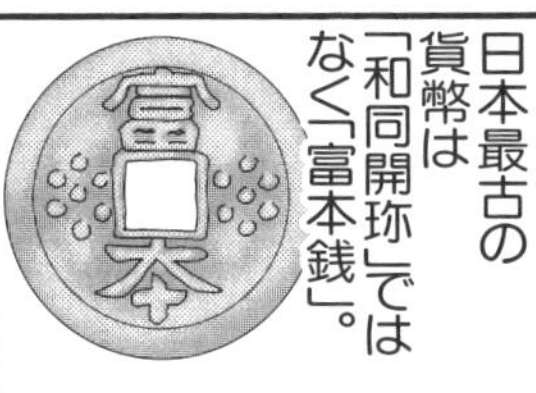

日本最古の貨幣は「和同開珎」ではなく「富本銭」。
富本

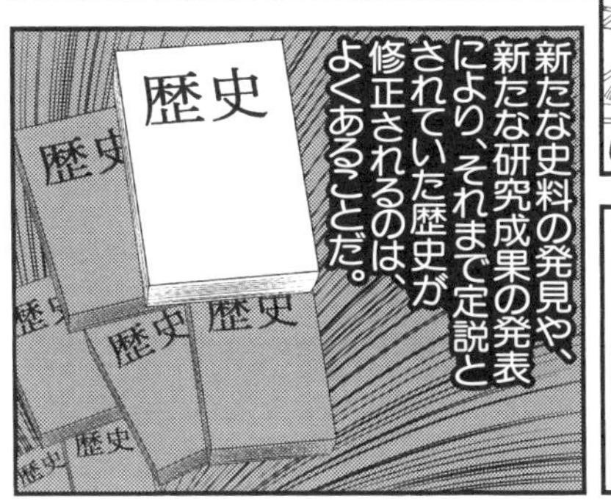

新たな史料の発見や、新たな研究成果の発表により、それまで定説とされていた歴史が修正されるのは、よくあることだ。
歴史

全ての歴史は修正の対象となりうるのである！
左翼の批判で、「あいつは歴史修正主義者だ」というのがあるが、全く意味のないレッテル貼りだ。
新たな歴史の真実を発見した学者・研究者に、全て歴史修正主義者というレッテルを貼るつもりか!?

もちろん、何の根拠もなく、恣意的に歴史を変えてはいけない。
そういうのは「修正」ではなく、「捏造」もしくは「改竄」という。

では歴史の修正には、どういう根拠が必要なのか？

それは「史料批判」による証明である。

史料批判とは何か？
それは史料の正当性・信憑性を徹底的に吟味することである。

左翼の連中は、わしの『戦争論』に対して、根拠なく「歴史修正主義」というレッテルを貼りたがる。
海外では「ナチのガス室はなかった」と主張するホロコースト否定論者が「歴史修正主義者」を自称していたからだ。
小林よしの
戦
歴史修正主義

近代日本政治史研究の第一人者
ジョージ・アキタは、
自民族にとって都合のいい
見方しかしない韓国の
「民族主義史観」を批判、
徹底的に史料に基づく
「修正主義史観」により、
日本の朝鮮統治は
穏健・公平・現実的
だったと「修正」すべきと主張する。
日本の朝鮮統治を検証する
1910-1945
ジョージ・アキタ ブランドン・パーマー 著
それは穏健かつ公平、現実的にして、
日朝の相互発展をめざすものだった。
ハワイ大学名誉教授らによる「可能なかぎり客観的な」徹底検証
序文：ケビン・M・ドーク（ジョージタウン大学教授）
「歴史修正主義」を悪のレッテルに
使う者は、完全に無知なのだ。
ホロコーストが
巨大犯罪だと
立証できる
証拠は
事欠かないが…
慰安婦が
「性奴隷」で
犯罪だったと立証する
証拠は存在するか？
我々は
法治国家の
原則を確認
せねばならない
「証言」は即
「証拠」ではない

本来
相手を犯罪者だと
告発した者には
「立証責任」が
発生する
そのような現代の
法治国家の原則から
見た場合…
日本の戦争犯罪
といわれるものにも
「曖昧な証言」や
「いかがわしい証拠」が
何の検証もされずに
使われ
「冤罪」が捏造されては
いないだろうか？

旧日本軍の被害者と
主張する者の側から
「証言」以外の「証拠」は
出されているか？
「立証責任」は
果たされているか!?

わしの所によく外国のジャーナリストが取材に来る
そして必ず日本の戦争責任を追及する
あなたはなぜ従軍慰安婦や南京虐殺を認めないのか?
なぜ日本は謝罪しないのか?
どうやらわしのことをネオ・ナチか何かと同じ種類だと決めてかかっているらしい

ここでもまたナチの「ホロコースト」と「戦争犯罪」の区別がつけられない外国人の無知がさらけ出されているのだが…

そしてついにわしを攻略できないで
そのくやしさを自分の記事で晴らす
「日本の極右漫画家・小林よしのり」という見出しで海外に発信する
THE NEW YORK TIMES INTERNATIONAL SUNDAY, MARCH 25, 2001
urgent Far Right Tinkers With History
A best-selling author asks if the Japanese have turned into mice.

彼ら外国のジャーナリストが半世紀以上も前の日本の戦争犯罪を追及する根拠というのは
中国人や韓国人が「証言」している
ということくらいしかない

特にアメリカ人は「原爆」という史上最大の犯罪をすっかり棚上げしてわしを非難する
その「証言」がすべて嘘だとは言わぬまでも「勘違い」や「誤解」やいろんな「事情」はないだろうか?
そんなことを外国人ジャーナリストは絶対考えない

証言…
彼女らが被害を訴えているではないか…
女性が…しかも老婆が勇気を出して泣き叫びながら訴えているではないか…
証言…
被害者の証言…
絶対の証言…

わしにしても
取材に来たジャーナリストにしても
第二次大戦の頃は
生まれてもいない

実体験で語ることができない
戦後世代が
どのように歴史的な事柄を
語るべきなのだろうか?

「史料批判」
「史料検証」
それが歴史の
事実に迫る
誠実な態度
である

「証言」は
まず
その証言者が
事件の当事者
であることが
証明されて
「二次史料」

次にその証言の
「裏付け」を
取らねば
ならない

「史料検証」で旧・日本軍の
犯罪が立証されたら
事実として認めてもいい

だから
歴史の歪曲などする必要もないし
先人たちが犯罪者であっても
まったくかまわないのだ

しかし その予想は わしが女性をなめていた証拠だった 失礼だった

名古屋で教育に関するシンポジウムがありその控え室に数人の女子中学生がわしのファンだと言って訪ねてきた

大学生でも『新・ゴー宣』は字が多すぎて内容が難しすぎて読めない者のほうが多い

なのに中学生が読んでいるということ自体が驚きだが

その子たちが学校の保健の先生と従軍慰安婦について論争していると言う

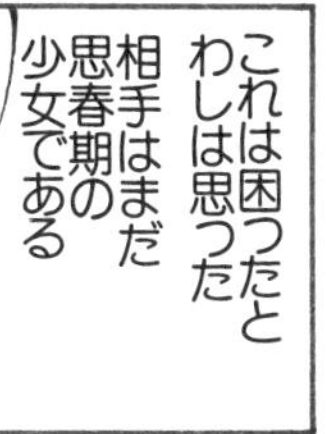

そのことは 自分の胸に
しまっておいて
大学生くらいになって
自分で研究して
みるといい

そのくらいになったら
友達と
議論してもいいだろう

ああ
女衒（ぜげん）ですね
へ、？
い、今
なんつった？
女衒が買って
女郎屋に
売ったんでしょ？
き…君たち
そんなことまで
知っているのか
〜〜〜〜〜〜っ？

どの世代にも
あまり多くはないが
一定の
読書家がいる
無心で読めば
ことの本質をつかんでしまう
レベルの読書家が
男女を問わず
学歴を問わず
年齢を問わず
一定数いるのである

いくら左翼が
わしを「右翼」と
宣伝し
「右翼=恐い」という
イメージを与えて
読者離れを
画策しても…
わしの読者には
「読書家」としての
女性がいる!
これが強い!

はっきり言って
この女性の「読書家」が
捏造される
余計な偏見から
わしを
守ってくれている!

わしは
女性読者に
感謝
しなければ
ならない

男の読者も
もちろん大切ですよ
少し女のほうが
わしの中で
上位に来るからといって
嫉妬しちゃいかん

男は厳しく
可愛がる
女はやさしく
可愛がる
これ
男の性（さが）！
やむなし！
ごーまん
かまして
よかですか？
わしが無理に
自己肯定している
わけではない
ということ
「史料批判」を元に
「冤罪」を晴らして
いるだけだということ
それは
男でも女でも
一定レベルの
読書家なら
わかるはずだ!!

歴史検証の基礎は「史料批判」である。
それが信頼できる史料かを調べ、吟味する。
そして、正当と判断された史料に何が書いてあるかを読み解くのである。
最も価値があるとされるのが「一次史料」。当事者がリアルタイムで記したものをいう。
この章では、慰安婦に関する史料をなるべく原文で読んでいただく。
いつにも増して文字ばっかりの漫画になっているが、がんばって読んでみてほしい。

協力＝日本の戦争冤罪研究センター所長　時浦 兼

「軍慰安所従業婦等募集ニ関スル件」(『陸支密大日記』1938年第10号所収). 防衛庁防衛研究所図書館所蔵.

読みやすいように全文を掲載しよう

軍慰安所従業婦等募集に関する件

陸支密
副官より北支方面軍及中支派遣軍参謀長宛通牒案

支那事変に於ける慰安所設置の為、内地に於て之が従業婦等を募集するに当り、故らに軍部諒解等の名義を利用し、為に軍の威信を傷つけ且つ一般民の誤解を招く虞あるもの、或は従軍記者、慰問者等を介して不統制に募集し社会問題を惹起する虞あるもの、或は募集に任ずる者の人選適切を欠き、為に募集の方法、誘拐に類し警察当局に検挙取調を受くるものある等、注意を要するもの少からざるに就ては将来是等の募集等に当りては、派遣軍に於て統制し、之に任ずる人物の選定を周到適切にし、其実施に当りては、関係地方の憲兵及警察当局との連繫を密にし、以て軍の威信保持上、並に社会問題上、遺漏なき様配慮相成度、依命通牒す。

陸支密第七四五号
昭和拾参年参月四日

つまりこれは 内地で誘拐まがいの募集をする業者がいるから注意せよ という「関与」を示すものだ

フツーの国語力で読めばそれ以外の意味はない

なんでこれであやまんなきゃならないの？

軍の深い関与を否定したい人たちは、これは違法な徴募を止めさせるものだといいます。たしかに日本本土ではある程度そのように機能したでしょう。しかし朝鮮・台湾では違っていたのです。違法であっても現地の軍の強い要求があるので、目をつぶって送り出したというのが実状でしょう。

ちょっと待てよ「しかし朝鮮・台湾では違っていたのです」って何を根拠に言っとるんだ？

以降のくだりは吉見氏の恣意的な見解もしくは推測にすぎない

吉見氏も本当はわかってるとおりこれは**違法な徴募を止めさせるためのものだ**

吉見氏はこの資料の中に一言「内地に於て」と入ってるのをとらえてこう言うのだ

内地でこういうことがあれば軍はそれを教訓に植民地で内地と同様の注意をはらうことにしただろう

しかし内地より外地の方が生活は貧しく 親は子を売り人身売買ブローカーの暗躍はひどかったから その犠牲になった女性は多かったと思われる

次にこの資料

これも朝日の「スクープ」に載ったものだ

軍人軍隊の対住民行為に関する注意の件通牒（抜粋）

昭和十三年六月二十七日
北支方面軍参謀長
岡部直三郎

二（略）強烈なる反日意識を激成せしめし原因は、各所における日本軍人の強姦事件が全般に伝播し、実に予想外の深刻なる反日感情を醸成せるに在りという。

三、（略）特に強姦に対しては、各地の住民一斉に立ち死を以て報復するを常としあり。従て各地に頻発する強姦は単なる刑法上の罪悪に留らず、治安を害し軍全般の作戦行動を阻害し、累を国家に及ぼす重大反逆行為と謂うべく、部下統率の責にある者は国軍国家のため泣て馬謖を斬り、他人をして戒心せしめ、再び斯る行為を絶滅するを要す。若し之を不問に附する指揮官あらば、是不忠の臣と謂わざるべからず。

四、右の如く軍人個人の行為を厳重取締ると共に、一面成るべく速に性的慰安の設備を整え、設備の無きため、不本意乍ら禁を侵す者無からしむるを緊要とす。

一、醜業を目的とする婦女の渡航は、現在内地に於て娼妓其の他事実上醜業を営み、満二十一歳以上且花柳病其の他伝染性疾患なき者にして、北支、中支方面に向う者に限り当分の間之を黙認することとし、（中略）外務次官通牒に依る身分証明書を発給すること。

二、前項の身分証明書を発給するときは、稼業の仮契約の期間満了し又は其の必要なきに至りたる際は、速に帰国するよう予め諭旨すること。

三、醜業を目的として渡航せんとする婦女は、必ず本人自ら警察署に出頭し、身分証明書の発給を申請すること。

四、醜業を目的とする婦女の渡航に際し身分証明書の発給を申請するときは、必ず同一戸籍内に在る最近尊属親、尊属親なきときは戸主の承認を得せしむることとし、若し承認を与うべき者なきときは其の事実を明ならしむること。

五、醜業を目的とする婦女の渡航に際し身分証明書を発給するときは、稼業契約其の他各般の事項を調査し、婦女売買又は略取誘拐等の事実なき様特に留意すること。

六、醜業を目的として渡航する婦女、其の他一般風俗に関する営業に従事することを目的として渡航する婦女の募集周旋等に際して、軍の諒解又は之と連絡あるが如き言辞、其の他軍に影響を及ぼすが如き言辞を弄する者は、総て厳重に之を取締ること。

※醜業＝おもに売春のこと　花柳病＝性病

最大の問題は、この通牒と同様の指示が朝鮮・台湾では出されなかったことである。日本国家は明らかに、朝鮮・台湾では差別的な扱いをしたことになる。軍や警察が、違法な徴募を制限しようとしたとしても、それは日本内地だけであったということになる。

これもさっきの「内地に於て」の解釈と同じ！
朝鮮・台湾で違法な徴募が野放しだったと証明したことにはならない

日本・朝鮮・台湾から来た「慰安婦」の場合戸籍謄本や身分証明書を提出させ、身上調書を作っており、女性たちの年齢や、どのようにして連れてこられたかを、軍は十分に知りうる立場にあったのです。

だったら違法な徴募がないか厳しくチェックしてたと見るのがフツーじゃないか！

違法な徴募を野放しにするならなんでわざわざ身上調書なんか作るんだ？

しかも吉見氏はこうも言ってるのだ

さて この問題を考える時 キーワードは「関与」という言葉だ

普通「関与」というと「悪い関与」が頭に浮かぶ

しかし実際には**「よい関与」**というのもあるのではないか？

今回 このぶあつい「資料集」をすみからすみまで読んでみたが書いてあるのは**よい関与**ばっかりなのだ

たとえばこんなのがある

一九四四年二月七日付の衛生検査に関する憲兵隊報告
（マニラ地区兵站発行）

経営者各位へ。すべての経営者は、月例衛生報告に関する左記の憲兵隊報告を銘記せねばならない

慰安所

衛生規則に対して十分な注意が払われておらず、衛生措置が講じられていない事例が多数ある。この点は、多くの者に対し、再三にわたり注意を促してきたところである。

便所と洗面所は概して不潔であり、また、洗面所の照明が十分ではない。

従業員の健康を維持するためには浴室についての気配りと、食堂の清潔維持の面における改善が必要であろう。多くの経営者は、自分自身の利益のことにしか関心がなく、それ以外の目的は何も持たずに営業している。彼らは、芸妓、女中、酌婦の福利厚生にまったく関心を示さず、彼女たちの健康や暮らしにもまた、入浴設備といったようなことにも意を用いていない。彼らの利己的な行為は抑制する必要がある。

見ろ！これは憲兵隊が私利私欲しか考えない業者を抑え慰安婦の福利厚生に配慮した「関与」なんだぞ!!

また 軍は業者と慰安婦の収入配分も規定 営業報告書を提出させて慰安婦が搾取されないように配慮していたし…

性病検査等の衛生管理もしていた

これに対して吉見氏が何て言ってるかとゆーと…

翌日から徴用隊は慰安婦の狩り出しを始めた。徴用隊は谷軍曹以下十名の歩兵と共に、軍用トラック二両に分乗して、部隊本部の営門を出発して行った。（中略）
私は直ちに部落内の狩り出しを命じた。路地に沿って石塀を張りめぐらせた民家は戸がしまっていて、木剣を持った隊員と銃を持った兵隊が戸をあけて踏み込んで女を捜しはじめた。（中略）
隊員や兵隊たちは二人一組になって、泣き叫ぶ女を両側から囲んで、腕をつかんでつぎつぎに路地へ引きずり出してきた。若い娘ばかり八人捕えていた。（中略）
白い朝鮮服の胸がはだけすそがまくれて、娘は下ばきの足を大きくばたつかせて、隊員がてこずった。兵隊たちが笑い声を上げておもしろがり、まわりに立って見物した。（中略）
「慰安婦の徴用警備は、兵隊たちが役得をあてにしています。ここで三十分小休止して遊ばせてやります」谷軍曹の小休止の号令は兵隊たちをよろこばせた。（中略）この娘たちは徴用されるとすぐ、兵隊たちに慰安婦にされてしまった。

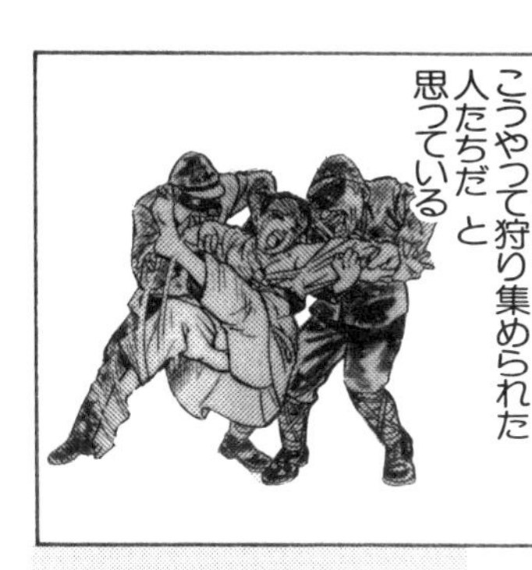

そこで秦郁彦氏は 唯一場所と時間が特定されている済州島へ出かけ 現地調査をした

ところが当時を知る老人たちに聞いてみても…
こんな小さな島でそんなことがあれば一大事だが…
そんなことはなかったねえ
と完全否定…

地元新聞の記者には…
何が目的でこんな作り話を書くんでしょうか？
…と逆に聞かれてしどろもどろ…

朝鮮人従軍慰安婦 強制連行証言に疑問

秦郁彦教授が発表

加害者側の"告白" 被害者側が否定

済州島民「でたらめだ」

地元新聞「なぜ作り話」

慰安婦問題

今こそ 自ら謝りたい

連行の証言者、7月訪韓

吉田 清治さん

される訴訟、遅々として進まない日本側の補償に、いてもたってもいられなくなった、という。元慰安婦たちとも対面する予定で、…直接かかわっ…謝に来た、と

「山口県労務報国会下関支部」の動員部長になり、国家総動員体制の下、朝鮮人を軍需工場や炭鉱に送り込んだ。朝鮮半島に船で出かけては百人単位でトラックに詰め込んだ。

吉田さんは、こうした体験を「国会でもどこでも行って話す」つもりだが、参考人で呼ぼうとする動きが一時あったものの、いまだに実現しない。高齢で、今年しか謝罪のチャンスはないかも、という気持ちが、吉田さんを今回の旅へ駆り立てた。

吉田さんは、九年前にソウルの南、天安市にある海外同胞のための墓地、「望…

ところが当人はウソがバレてもこりるどころではなかった

↑右のコマの産経新聞報道から1か月後の朝日新聞記事

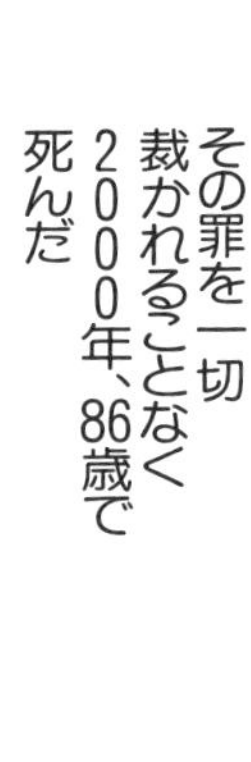

オランダ女性も慰安婦に

インドネシア

35人、4カ所に連行

旧日本軍将校ら12人に有罪判決

ハーグ軍事法廷資料 本社入手

この事件に関しては、すでに10年以上前オランダ政府が実態調査を行った

日本軍がインドネシアを占領してから慰安所を開くまでの経過はこう報告している

当地の軍政責任者は、慰安所の設置には免許が必要だと決定した。免許はある一定の条件、例えば定期的な性病検診とか支払いについての条件などが満たされてはじめて得られるとされ、さらに、そこで働く女性たちが自主的に働いているということも前提条件であった。

規則によると、そこで働く女性たちが自発的に性的サービスを提供しますという趣旨の陳述書に署名した場合にのみ、免許が交付された。

実際 占領初期は
慰安婦たちは
売春宿の経営者や
仲介業者によって
集められていた

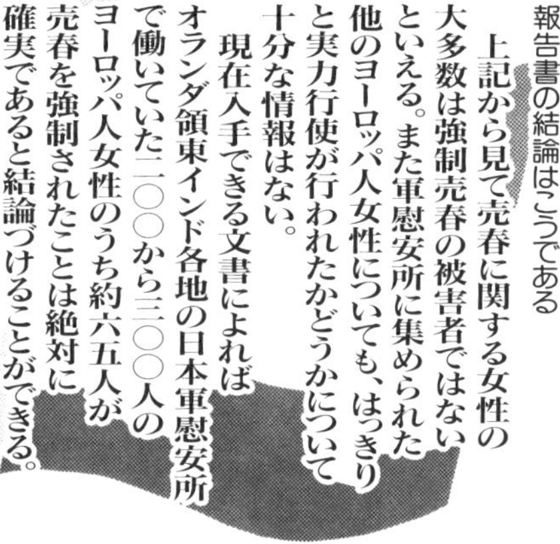

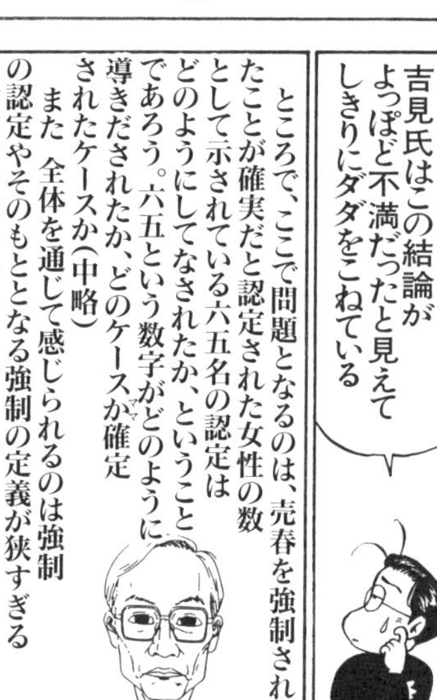

軍命令による
「慰安婦強制連行」説は崩壊した!!

いいや!「強制連行」だけが問題じゃない!
あなた方は問題をわい小化している!
もっと「広義の強制」を考えるべきです!!
連中は最近こう言っている

強制連行の問題だけをとりあげ、それをあまりに狭く考え、それ以外は問題ではないということでは「慰安婦」問題の本質はつかめないでしょう。とくに植民地からの徴募では、あまりに露骨な徴集方法をとることは避けるようにつとめているふしがあるからです。

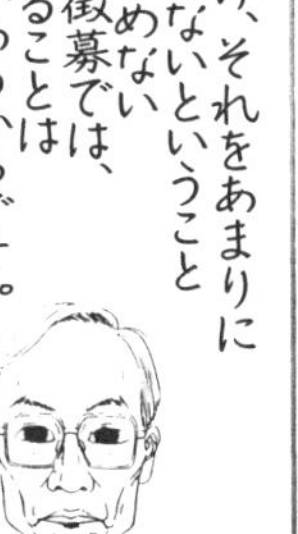

「ふしがある」だって…
また推測でモノ言ってるよこの人…
「強制連行」説がくずれたためになんとか被害者を作ろうとして連中が言い出したのが「広義の強制」なのだ

今までさんざん「人狩り」のイメージを流布してきたくせにその「謝罪と反省」を一度もせず問題のスリカエをはかってきたのだ!
なんと小ずるい悪党!
広義
広義
広義

こんな細かいコジツケみたいな議論まで相手したくはないがしゃーない

連中がどう主張してるかというと…

問題となるのはこの3点だそうだ

① 未成年を徴募し使役したこと
（婦人・児童の売買禁止に関する国際条約違反）

② 成年者の場合には徴募時にだますとか拉致するなど本人の意思に反する広義の強制があったこと

③ 慰安所で強制があったこと
（外出・廃業・帰国・接客拒否などの自由がなかった）

①については「21歳未満の婦人を売春させてはいけない」という国際法はたしかにあった
だがこの国際法は実効性を持っていなかった
当時は貧困ゆえに日本国内でも16・17で遊郭に身売りされるケースはザラだったのだ

しかもこの国際法には「植民地除外規定」というのがあって 朝鮮・台湾には適用されていなかったのだ
したがって法的にも触れてはいないのだ
だが吉見氏は言う
この条約は朝鮮・台湾には適用されませんでした。にもかかわらず違反になる。
はあ?
適用されないけど違反ってなに それ?
慰安婦の多くは朝鮮から鉄道で移送される以外は、日本の船で移送された。日本の船舶は「国際法的には日本の本土とみなすことができる」ので条約は適用される。(かりに日本の飛行機で移送されたとすると、飛行機も日本の本土とみなされる)
……
ぎゃーっはははは
バカのこじつけだよそれ~~~~っ!!
吉見氏は朝ナマでこれを説明する際「植民地除外規定」をわざとかくしていた
国際法違反これは議論の余地はないと思います
そもそも「国際法」とは罰則規定のない一種の紳士協定なのだ たとえ違反していたとしても50年以上も前の賠償をせねばならない根拠とはなりえない

だますとか拉致するとかしたのは全部業者でしょう?
でも軍の関与はあったんだ
それは「だましたり誘拐したりする業者を選ぶな」っていう関与でしょ…
でも軍の関与はあったんだ
だからいい関与でしょ
——が!!
でも軍の関与はあったんだ

③については
例えば この資料を出して
「外出の自由がなかった」という
散歩区域
第一慰安所
教会
公園
イロイロホテル
軍政監部
亜細亜会館
公園ヲ中心トスル赤区界ノ範囲内トス
散歩の区域すらこんなに狭く制限されていたんですよ!!
あのねー
奴隷的に拘束するために制限したっていう確証でもあるの?
そこは占領地なんだから安全な区域が限られていたってことも考えられるじゃない
学者なのにもっと当時の状況を考慮して資料見れないの?

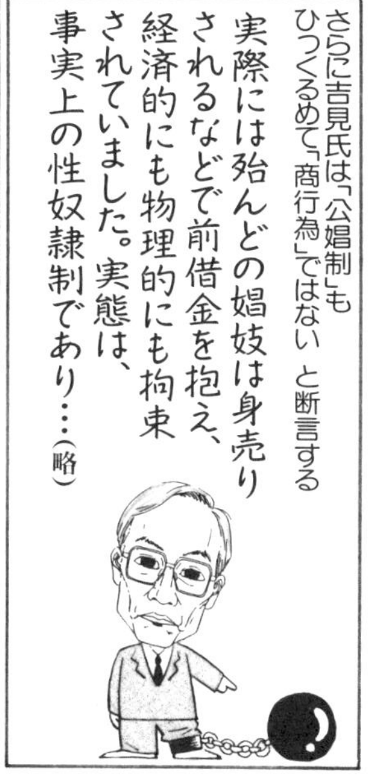
さらに吉見氏は「公娼制」もひっくるめて「商行為」ではない と断言する
実際には殆んどの娼妓は身売りされるなどで前借金を抱え、経済的にも物理的にも拘束されていました。実態は、事実上の性奴隷制であり・・・(略)

そんなこと言い出したら契約金もらって数年を球団に拘束される野球選手なんか球奴隷だし…
このわしだってデビュー時は契約金もらってジャンプ以外描けんかったんだ
わしも漫奴隷か?
おしんだろーが丁稚奉公だろーが「身売り」ってのは昔の生活慣習で今でいう「契約」と大差ないのだ
国際条約違反だーっ
外出・廃業の自由がないぞーっ
経済的にも物理的にも拘束されてるぞーっ
こどもの人権無視・債務奴隷制
被害者に謝罪と補償を
おしんにも丁稚にもみんなで国家賠償させようか!?

やつらのコジツケにつきあってたんじゃきりがない
もっと大枠の話をしよう 大枠の
いいか
「慰安婦は本当に〝性奴隷〟と呼ぶべき境遇にあったのか?」
この点にしぼって見てみよう
まず元・慰安婦の証言だ

最初の時、逃げようとした女性が捕まり地下室に連れていかれました。私たち全員も地下室に並ばされました。その女性は全裸で逆さづりにされ、軍人が彼女を叩き、乳房をえぐり取り、刀で腹を割き内臓を取り出し、それを私たちに投げつけ「お前たちも逃げようとしたらこんな目にあう」と言ったのです。私は驚き恐くなってトイレの窓から逃げようとしましたが、追われ、足を引っ張られ、上着を脱がされ、逆さづりにされてしまいました。気絶すると水をかけられ、熱い鉄のコテを背中にあてられ、銃の先で突き刺されました。それらの傷痕が今も残っています。

私は三階の小さな部屋に閉じこめられ、一日に五人～一〇人の軍人の相手をさせられました。部屋から出られるのはトイレの時だけ、他の女性と会えるのもトイレで偶然の時だけでした。

食事はたいていが握り飯で、一日三回、ほんとに死なない程度の量でした。「お母さん」と呼ばれる三十代の日本女性が世話をしていました。性病検査は全くありませんでした。

これがホントなら たしかに 性奴隷だ

では元兵士の じっちゃんの証言 はどうだろう

当時、出征兵士の多くは慰安婦のお世話になりましたが、慰安所に行けるのは1年に2回ほどだったと記憶しております。当時私が直接話を聞いた22歳の慰安婦の場合ですと、以前は見習い看護婦をしていたが、親が金を必要としているので看護婦になる予定を変え、3年間ここで働くということでした。その後は故郷には帰らない、働いた金で好きなように暮らす、とのことでした。

当時の朝鮮は日本の東北地方と同様で、年季奉公のような形で吉原のような所へ給料前借りで娘を働かせることを親たちは格段悪いことと思わず、かわいそうだね、くらいの感じでした。また朝鮮にも、料亭にキーセン（日本でいう芸者）とカルボ（芸はできず売春専門）がおり、キーセンたちも（一流の者は別として）金を出せばころびました。

どっちの証言を 信用するかは 読む人に まかせるが

元・慰安婦の 証言ばかり 神聖なものとするの やめてくれんか?

小林さんは 被害者に実際 会ったこと ありますか?
あなたも ハルモニの声 を直接 聞くべきですよ
…という やつもいるが わしには どーも解せん

どーせ通訳つけなきゃ 何言ってるかわからん 証言を なんで 直接聞かなきゃ なんないの?

そりゃ直接会えば 「かわいそうだ」と 思うかも しれんが…
個人的に 「かわいそうだ」と 思うことと 事実関係の 検証は本来 別のことだ

今は事実関係が 問われているんだ
日本語訳で 出てる証言読みゃ 充分じゃないか
その中でも 「最も重要な 証言」ってもんが ある

1923年生まれ。生後間もなく父は死亡。
貧困のため小学校を4年で中退。養女になり14歳から3年間キーセン学校へ。
1939年「金もうけができる」と養父に説得され中国へ。
北京を経て鉄壁鎮という小集落で養父と別れて慰安所へ入れられ、日本軍兵士のために性サービスを強要された。

ふむふむ
じゃ韓国で市民団体にした証言も見ようか

1924年生まれ。
母に40円でキーセンに売られる。
1941年「金もうけができる」と養父に説得され中国へ。
北京の食堂で日本将校にスパイと疑われ、養父と別々にトラックに乗せられ、慰安所へ。処女を奪われた。

あり?ずいぶん違うが…
じゃ91年に来日した時の証言は…?

1924年生まれ。父は独立運動家で日本軍に射殺される。
母の再婚を嫌い家出。キーセン学校に3年通う。
「金もうけができる」と養父にいわれ中国へ。
中国語ができるので中共軍の密偵役もやったところ、スパイ容疑で捕えられ、慰安所へ。

……

ぜんぶちがうぞぜんぶ!!
確実にどれかはウソじゃないか!!
やっぱり証言はどうにでも作れるのだ
あっちに慰安婦の証言…
こっちに元兵士の証言…
これでお互い相殺だ
諸君

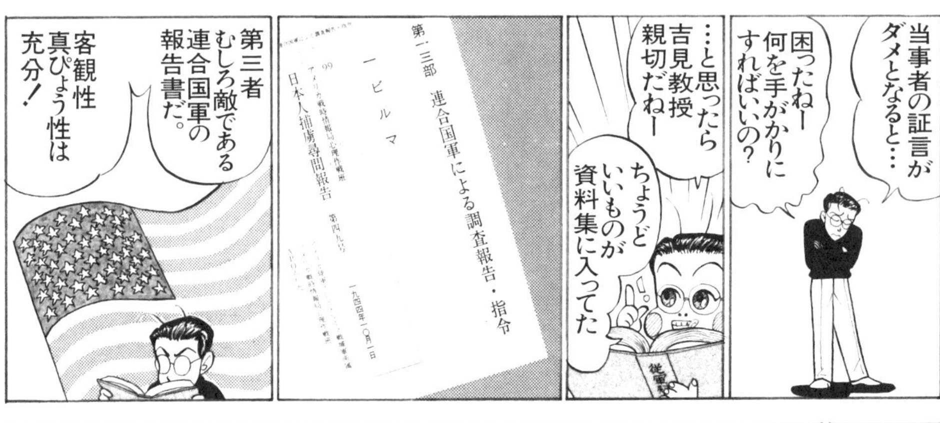

まずは尋問した慰安婦の「性向」ってのを見てみよう

　尋問により判明したところでは、平均的な朝鮮人慰安婦は二五歳ぐらいで、無教育、幼稚、気まぐれ、そしてわがままである。慰安婦は、日本人的基準からいっても白人的基準からいっても、美人ではない。とかく自己中心的で、自分のことばかり話したがる。見知らぬ人の前では、もの静かでとりすました態度を見せるが、「女の手練手管を心得ている」。自分の「職業」が嫌いだといっており、仕事のことについても家族のことについても話したがらない。捕虜としてミッチナやレドのアメリカ兵士から親切な扱いを受けたために、アメリカ兵の方が日本兵よりも人情深いと感じている。慰安婦は中国兵とインド兵を怖がっている。

▷ビルマの捕虜収容所でカール・ヨネダ軍曹の尋問を受ける慰安婦

慰安婦の一人によれば、平均的な日本軍人は「慰安所」にいるところを見られるのをきまり悪がり、彼女が言うには「慰安所が大入り満員で、並んで順番を待たなければならない場合には、たいてい恥ずかしがる」そうである。

なんだかわかるなーそれ…

しかし結婚申し込みの事例はたくさんあり、実際に結婚が成立した例もいくつかあった。

え?結婚?
「性奴隷」と結婚なんてありうる?

すべての慰安婦の一致した意見では、彼女たちのところへやって来る将校と兵士の中で最も始末が悪いのは、酒に酔っていて、しかも、翌日戦線に向かうことになっている連中であった。

しかし同様に彼女たちが口をそろえて言うには、日本の軍人は、たとえどんなに酔っていても、彼女たちを相手にして軍事にかかわる事柄や秘密について話すことは決してなかった。

さらにまた、尋問が明らかにしているところによれば、これらの慰安婦の健康状態は良好であった。彼女たちはあらゆるタイプの避妊具を十分に支給されており、また、兵士たちも、軍から支給された避妊具を自分のほうから持って来る場合が多かった。慰安婦は衛生に関して、彼女たち自身についても客についても気配りするように十分な訓練を受けていた。

一九四三年の後期に、軍は借金を返済し終わった特定の慰安婦には帰国を認める旨の指示を出した。その結果、一部の慰安婦は朝鮮に帰ることを許された。

慰安婦は接客を断る権利を認められていた。接客拒否は客が泥酔している場合にしばしば起こることであった。

生活および労働の状況

ミッチナでは慰安婦たちは、通常、個室のある二階建ての大規模家屋（普通は学校の校舎）に宿泊していた。それぞれの慰安婦は、そこで寝起きし、業を営んだ。彼女たちは、日本軍から一定の食糧を配給されていなかったので、ミッチナでは「慰安所の楼主」から、彼が調達した食料を買っていた。ビルマでの彼女たちの暮らしぶりは、他の場所と比べれば贅沢ともいえるほどであった。この点はビルマ生活二年目についてとくにいえることであった。食糧・物資の配給量は多くなかったが、欲しい物品を購入するお金はたっぷりもらっていたので、彼女たちの暮らし向きはよかった。彼女たちは故郷から慰問袋をもらった兵士がくれるいろいろな贈り物に加えて、それを補う衣類、靴、紙巻きタバコ、化粧品を買うことができた。

彼女たちはビルマ滞在中、将兵と一緒にスポーツ行事に参加して過ごし、また、ピクニック、演芸会、夕食会に出席した。彼女たちは蓄音機をもっていたし、都会では買い物に出かけることが許された。

TVの討論番組でゴー宣に抗議してきた市民団体にこの資料を読んで聞かせると全員意外そうな顔して黙りこんでしまった。
この記録は女性たちの奴隷状態をつかめなかったことを示すものだ
この記述が意味しているのは、「許しがなければ外出できなかった」ということだ
なんだこりゃ?「ホントは性奴隷だったのに米軍が実態をつかめなかったことを示す資料だ」と言いたいらしいが……
そう判断できる根拠はどこにあるんだ!?
誰が見たってこれだけ待遇よけりゃ奴隷状態なんて思いようがないだけだ!!
それでも「性奴隷派」の最高権威吉見義明中央大教授はこの資料についてこう言う
吉見氏と共闘する女性ライターは
この資料もっと悪いように取らなきゃいけないの?
と聞くと
はい
と言い切った
吉見氏は歴史学者のくせに歴史資料をねじ曲げてでも日本を悪者にしたがる…その熱意がわしには理解できん
「運動家」がそれをするのはわかるが「学者」がそれやっていいのか!?
吉見氏は慰安婦の徴募について、
まだよくわかっていない
政府資料が公開されていない
と、いまだに「強制連行」に含みを残している。
「終戦時に資料は焼かれた」なんて言う者もいるが、
慰安婦は数万人もいたんだ
「強行連行」の資料を一枚のこらず焼却するなんてことができるわけがない

最近じゃ吉見氏はこんなことまで言い出す始末だ
「いい仕事がある」と騙されて北朝鮮に拉致された人もいる
「いい仕事がある」と騙されて慰安婦にさせられた人もいる
だから北朝鮮拉致と慰安婦は同じ慰安婦に謝罪せよ
北朝鮮拉致は国家犯罪!
しかし慰安婦はちが~うっ!!
ふー!
ふー…
ふー
ガキ以下のヘリクツをへーきで言うからなァ…
つかれるわ…

あの悪名高い東京裁判ですら慰安婦のイの字も出て来ない
なのになぜ今ごろ「慰安婦問題」が浮上したのか?
それは日本が今まで戦争責任をあいまいにしてきたから…
被害者はもう待てない!!
ウソだね
東京裁判ってのは「日本の蛮行」を捏造してまで裁いたのだ
そんな裁判でも問題にならなかったのだぞ
「被害国」の側だって日本人の反日活動家がたきつける前に自ら「慰安婦問題」を言い出した国は一つもない
はっきり言おう
戦争中慰安婦に「問題」などというものはなかった
「従軍慰安婦問題」
それはある種の活動家による1990年代の発明品
歴史の捏造である!!
語られなかった戦争50年後の声!!
「強制連行説」を捨てきっていない吉見氏はこんなことを書いている
朝鮮・台湾でどのような方法で徴募が行われたかは、まだよく分かっていない。とくに、総督府がどうかかわったかが明らかでない。これは政府資料が公開されていないことと関係がある。（中略）
植民地における徴募の実態は、総督府を管轄していた旧拓務省・旧内務省の資料や、渡航許可を出し、徴募の割り当てを行っていた警察資料が今後出てくれば、より明白になるだろう。また、戦争末期にどのような徴募が行われたかという重要な問題も解明されるだろう。政府所管資料の全面公開が待たれる所以である。
吉見氏は、海外派遣軍に輸送されたコンドームの数まで調べている。
1942年には、3210万個だったそうだ。
そんなことまで調べ尽くしても、強制連行の証拠資料は発見できないのだ。
吉見氏や活動家グループなど大勢の人が反日の執念を燃やして世界中を探しまわり
ただの一枚も発見できていない!

フツーの学者なら
もう「強制連行を裏付ける公文書は存在しない」と結論づけてるはずだ
フツーの学者ならね
それでもまだ「政府が隠している」と思えるのは
NASAがUFOを隠している!!
…ってのと同じ世界にイッちゃってるからだ
UFOに強制連行されて船内で強姦されたって証言する人もいるんだからな
現在 歴史を直視することが問われている
はい わしもそう思います
現に 被害者が存在し 今も苦しみ続けている現実は無視できない
無視する気はないですけど 加害者が日本軍だとは証明されてないですよ
日本人が加害行為から目をそらせば 他のアジアの人々との共生は困難になるだろう
やってもいないことでペコペコ謝ってたらアジアとの共生どころか やがて日本がドレイ国家になるだけですよ!
「慰安婦」問題は 人種差別 女性に対する暴力 貧しい者に対する差別が複合した深刻な人権侵害事件だった
すべてのサベツがない人権の王国を作ろうってお話ですか?
まして「人権第一」をかかげて戦争した国がどこにある?
同様の事件はボスニアの集団レイプや沖縄の少女レイプのような深刻な形で再発している
慰安所とレイプはちがーーうっ!!

平和な今の日本では想像も
つかないが　今でも世界では※
マフィアや人身売買
ブローカーが暗躍している
現在　韓国では
年間400人以上
中国ではなんと
わかっているだけで
1万8千人もの
若い女性が
失踪していて…
そしてその多くは
私娼窟に売られているのだ
※1996年当時
平和な今でも
そうなのだ
まして戦時中
となれば
どんな非道な
ことが起きても
おかしくない
そんな状況下　日本軍は
少しでも被害者を
へらすべく
様々な関与を
していた
これらの資料は
そういうことを
物語っているのだ
ごーまんかまして　よかですか？
国の責任を
問える唯一の
根拠である
「強制連行」の
証拠はない
したがって
国の責任は
ない
国家による
賠償は
必要ない!!
戦時中は業者に
だまされた人も
親に売られた人も
レイプされた人も
いただろう
個人的に同情する
という人は民間基金
に寄付をすればよい

さらに
かまして
よかですか？
戦争した
日本は
何もかも
すべて
極悪非道
だった！
…そう
決めつければ
戦争防止に
なる！
そのためには
私達の
じっちゃんたちを
「性奴隷」を
ひきずり
まわした
強姦魔」として
世界に
売りわたし
子孫代々
伝えましょう！

……そう主張して世界中を暗躍するサヨクの亡霊・反日売国グループにだまされるな!!
現に世界では「セックス・スレイブを持った国・ニッポン」としてすでに紹介されている!!
この国をなぜ憎む?
この国への"いとおしみ"をなくしてこの国の未来を語れるはずはないのだ!!

この章に出てくるテレビ番組は1998年から2002年までTBS系で放映された『ここがヘンだよ日本人』。
外国人に日本をけなさせて喜ぶような番組をビートたけし司会のバラエティーでやっていたのだから、隔世の感がある。
今は外国人に日本をほめさせて悦に入るような番組ばっかだからな。
しかし左翼はこんな時代に戻そうと躍起になってるのだから油断はできないのだ。

第12章
「従軍慰安婦」の真実

(TBS「ここがヘンだよ日本人」2001年5月17日)

※1997年版中学国定歴史教科書の記述

証拠がない訳ないだろう、私がいるじゃないの！
これ以上どんな証拠を出せというの！
「従軍慰安婦には証拠がない」発言について…
証拠がない訳ないだろう
私がいるじゃないの
確かにな…ここがヘンだよ日本人か…
テレビの作り手の頭がヘンだよ日本人！
なんとこの番組はこのシーンで突然終了した
テレビで慰安婦問題について報道する時、結論はもう決まっている。
おばあさんが被害者だと言って泣いているからいまわしい性犯罪があったのであり
加害者は旧・日本軍だ。
なにしろ旧・日本軍といえばこれは悪なのであり
そうでないなどと言ったら右翼なのだから。
従って日本は反省し、謝罪し賠償すべきで
子々孫々まで罪悪感を植えつけておくべきなのだ。
この決めつけ！異論を許さぬ空気のこわばり！
それは、まるで戦時中に「日本は敗ける」と言えない空気のこわばりがあったのとほとんど同じである！

王様は裸だ！
…と言った子供は…

右翼！
…と冷たい目で見られる。

わしのところには今でも市民団体やキリスト教の団体などから抗議文書が来る。
「論戦」でなく団体名での「抗議」という圧力のかけ方はオウムと同じだ。
このような抑圧に堪えられる強い「個」をきみは持っているか!?

いつの時代も雰囲気だけで煽動されやすい大衆のほうが多いのは仕方がない。
ならば せめて国のエリート層だけでもしっかりしていればいい。
ところが日本の場合、政府のトップが大衆以下の頭カラッポだったりする。

平成4（1992）年当時の首相宮沢喜一が韓国を訪問すると、そこは轟然たる反日デモの嵐が吹きまくっていた。

日本政府は慰安婦に謝罪レろ！

天皇の人形が焼かれ元慰安婦が座り込んで泣き叫んだ。

左翼運動家と朝日新聞が「慰安婦は強制連行の被害者」というデマを韓国に定着させ…
宮沢はわけもわからず謝罪と反省を繰り返した。
宮沢は「真相解明」を約束して帰国したが、いくらいくら調べても「強制連行」の証拠は出てこなかった。当たり前だ。
では、現実の慰安婦とはどういうものだったのだろうか？
日本には昭和33（1958）年まで公娼制度…つまり「公認の売春」という制度があった。
それまでは売春は合法だった。
そしてその頃までは日本は貧しかった。
戦前は凶作が続けば娘の「身売り」が問題となった。
テレビドラマ「おしん」でも主人公は山形の小作農家の娘で、
貧困のため小学校にも行けず、
コメ一俵で子守に出された。

おしんは
紙一重の差で
まぬがれたが、
子守から女給
あるいは
女工
仲居などを
経て…
娼婦へと
身を沈める
者は
多かった。

「キーセン」とは
日本の芸者の
ようなものだが
大部分は
半芸半娼といった
存在だった。

朝鮮半島は
日本本土より
さらに貧しく
同様に
娘の身売りが
行われた。
朝鮮では
身売りされた
娘は
業者の「養女」
となり…
キーセンの修業を
するという形式が
多かった。

「人権」の観念も
「フェミニズム」の観念もない
貧困の時代、
体を売り
家族を支えた
多くの女性たちが
いたのである。

一方、「軍隊と性」は
古今東西
切っても切れない
リアルな問題である。
正史に出て来る話
ではないが
ちょっと裏面史を
ひもとけば、
いつの時代も駐屯軍には
周辺の売春宿、
遠征軍には
同行する
娘子軍(じょうしぐん)のエピソードに
事欠かない。

元陸軍大尉・中村八朗氏の『シンガポール収容所』には、こうある。

女がいないと血気盛んな男達は
多かれ少なかれおかしくなるのだ。
軍隊ではそれがこわいから、占領地には必ず
慰安所というものを作って金で買える女性を置いた。
（中略）内地には公娼というものがあって、
困った男達を金でひきうけていてくれるのだから、
戦場で兵隊相手の女性達の家を作っても
不思議はなかった。
外国軍隊は文明の名においてそれをやらないから、
占領国の婦女子が暴行されたり、
強引に恋人にされて堕落させられたりしていた。
そんなことを、私達は敗戦後のスマトラや
マレーで見て来た。

ドイツも慰安所を作っていたし
「文明国」のアメリカも
兵隊の間に性病が蔓延したのに
懲りて、ベトナム戦争の時は
日本と似たシステムの
軍が関与する売春宿を作った。

慰安所は占領地の性犯罪や
性病を減らすためには
確実に有効であったのだ。

それでも日本兵はあちこちで強姦してたじゃないか！
…などとサヨクは言っているがそれは…
警察がいても犯罪が起こるじゃないか！
…と言ってるようなもの。
この平和時の日本でも警察も風俗業も一切なくなったらどうなるか考えろ。
何の犯罪だって完全に根絶はできない。
少しでも抑止力のある方法を採るしかないのだ！

当時、慰安婦は戦場には貴重な存在だったから慰安所の設営や管理には当然、軍が関与した。
悪質な業者に搾取されないよう配慮し、性病の蔓延を防ぐため衛生面にも気を配った。

例えば慰安所の前に列をなした兵隊の姿に「なんて非人道的な！」とサヨクは顔をしかめるが、元軍医・鈴木俊雄氏の『回想のフィリピン戦線』ではその列の先にこんな光景が描かれている。

主導権は慰安婦にあり、むしろ兵隊のほうがなけなしの金でみじめな性を買っていたことが多かった。
昔も今もスケベだから買う男がいて、高収入だから売る女がいる。
貧困ゆえに売らなければならない女もいる。
戦争やってる最中にわざわざ兵隊を動かして「奴隷狩り強制連行」をする必要などなかったのだ。
マドンナ
素人
慰安婦と戦場の性
よく言われる「慰安婦の大半が戦争に巻き込まれたり置き去りにされて死亡」というのもウソで95%が生還している。
引き揚げのどさくさに稼ぎを業者に持ち逃げされたり軍票を持っていて無一文になったりした者もいるが、
ゴールドに換えて故郷に持ち帰った者もいる。
ただ、そういう人はテレビに出てこない。
貧困の時代があった!
それを なかったことにしてしまっては歴史の真実は見えてこない!
日本軍がいてもいなくても貧困の時代はあった。
親は娘を業者に売って売られたことの意味を娘も知らず客をとらされた時に自分の不幸な運命を知った。
そんな、悲しい時代があったのだ。

朝鮮半島では戦後もずっと貧困が続いた。
韓国が高度経済成長を遂げたのは70年代後半のことである。
経済発展には外貨獲得が必要だが観光資源も乏しい。

そこで韓国は80年代まで世界にも例を見ない政府の行政機関が体系的に監督する組織的な売春観光
…「キーセン観光」を奨励した！
臨戦体制下のキーセン・パーティ
そこでは著名人や教授たちが、こう説いた。
外貨獲得という聖戦のためにはどんな犠牲も甘受しなければならない！これは売春ではなく愛国行為の発露だ！
キーセン（といってもほとんどが芸のできない専業の娼婦）たちは、政府の行政機関が協賛する教養講座の受講を義務づけられた。

わしが子供の頃、近所のおっさんたちが下品な笑みを浮かべてささやいてたものだ。
韓国に行ってきたバイ。
またねアンタ…
情が厚かもんなァあっちの女はへっへっへ…
大人の世界は汚いなァなどと思って軽蔑してたものだが…
途上国では仕方のないことでこのスケベな大人たちがいなければ困る人たちも多くいたのだ。
日本にも戦後すぐの頃はパンパンという、GHQにぶら下がる女たちがいた。

韓国のキーセン旅行の
実態など、
当時の大人向けの雑誌を
開いてみれば、いくらでも
出てくる。
わし自身も
いろんな話を
聞いて知っている。
酒池肉林の妓生パーティ
韓国人の好色の旅
韓国の代表的総合誌もついに報じ

しかし、韓国で
このことを大っぴらに
言う人はいない。
当然である。
貧困のために
自国の女性が
身を売ったことなど
普通は隠すものだ。

慰安婦も同じで、
単に貧困のために
身を売ったという
話なのだから、
本来、韓国の人たちも
わざわざ言い立てたり
したくなかっただろう。
それを騒がねば
ならなくなったのは
吉田清治のウソ話
「〈挺身隊〉の名目
で奴隷狩り」
のせいにほかならない！

宮沢謝罪の半年後
日本政府は
「第一次調査結果」で、
強制連行を
裏づける資料は
見つからなかった。
誠心誠意、探して
見つからなかった。
…と発表した。

それに対して韓国政府は
「中間報告書」を発表。
アフリカでの
黒人奴隷狩りに
似た手法で
慰安婦を集めた。
と断じた。
その根拠は
例によって唯一
「吉田証言」だった。

韓国政府は未だ
「最終報告」を
出していないし
この報告書の
訂正もしていない！
現在も
「吉田証言」による
「慰安婦奴隷狩り」が
正式見解である！
私の戦争犯罪
吉田清治

女性たちも挺身隊という名で戦地に連れていかれ、日本軍の慰安婦として犠牲になった。

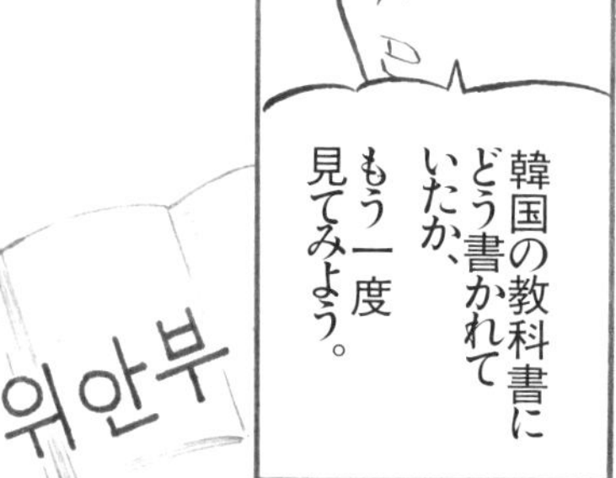

高木健一著
『従軍慰安婦と戦後補償』（三一新書）の中では…

生家は貧しく、12歳の時100円で
売られてソウルの金持ちの家で小間使い、
1938年に咸鏡南道ハムン郡で
女中をしていた時にその家の娘の
身代わりとなって満州に連行され
慰安婦となる。

…と言っている。

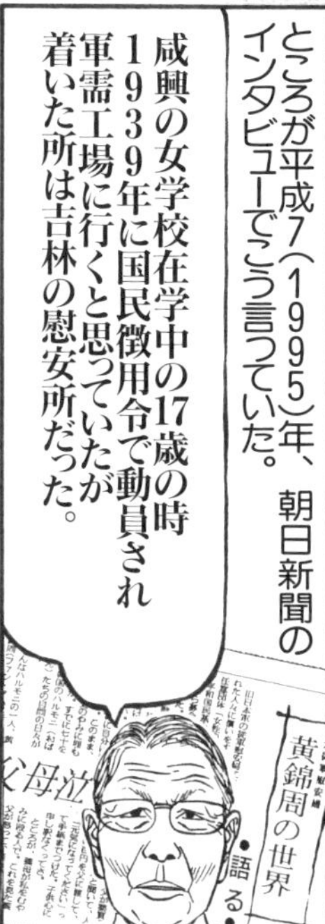

▲平成7（1995）年7月24日～27日夕刊

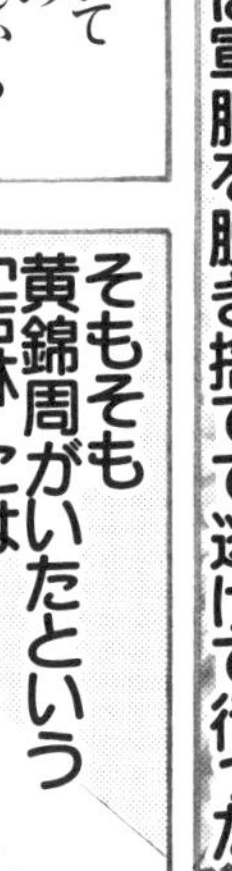

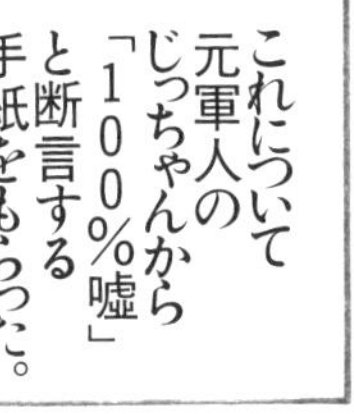

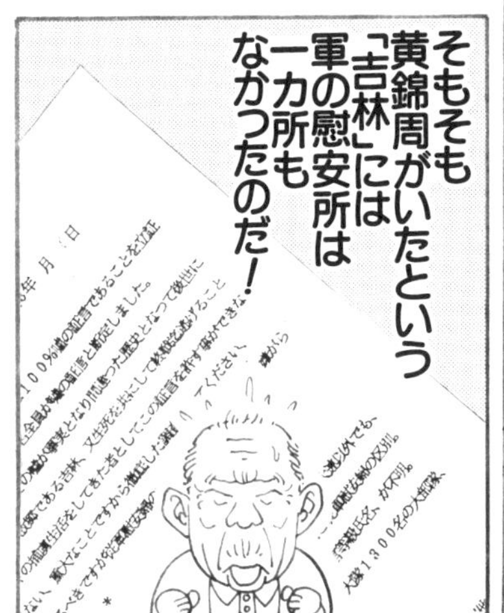

吉林は満州の五大都市の一つで戦場でも何でもない！

歓楽街があり日本と同様　公娼制度が導入され朝鮮人経営の妓楼だけでも5軒が営業していた。

そんな街に駐屯する軍が部隊内に慰安婦を閉じ込めておくなどあり得ると思えるほうがどうかしている。

クリスマスに客が増えた？
日本軍にクリスマスなんかあるか！
こうなると、この人物本当に日本軍の慰安婦だったのかさえ怪しくなる。
「部隊内に慰安所」
「慰安婦が兵卒の看病」
「兵隊が軍服脱ぎ捨てて逃げた」
これすべて、中国軍ならあり得た話じゃないか！
日本兵は軍服を脱ぎ捨てて逃げた？
何を着て逃げたんだ？
日本軍には私服の用意はない！
そんな話を朝日新聞は疑いもなく載せこんなことまで書いた。
あそこをなめろと命令されたこともあった。
「クソを食ったほうがましだ」っていったら、殴られて無理やりさせられた。
…で、これが学校で授業に使われるのだ。
中2の時に夏休みの課題でこれを読んだという『ゴー宣』読者の女子高生は手紙にこう書いてきた。
私はこの時、初めてフェ○チオという言葉を知りました。
日がたつごとに位の低い軍人に相手が変わったとか…
もうその内容はレイプポルノ小説と思うほどで、それを読んで泣き出してしまう子もいました。
他にも朝日は「ここまでやるか？」と思うほどの記事で、私は悲しくなりました。

そして
慰安婦問題なんか
調べてみる気もない
テレビは、
口からデマカセを叫び
「私が証拠だ!」と
言い張る黄錦周を
絶対の正義にして
放映する。
この前は
CBSニュースにも
映っていた。

こんなのを根拠に
日本は世界中に
「性犯罪国家」として
ひたすら宣伝されて
いくのである。
嗚呼…
ごーまんかまして
よかですか?
慰安婦は性奴隷
ではない。
「世界最古の職業」
の話でしかない。
60年以上も前の日本軍に関わるそれ
だけを「人権問題」に
フレーム・アップしてるヒマがあったら、
現在、
世界中で
行われている
売春を
問題にしたら
どうだ?

『「日本の朝鮮統治」を検証する
1910-1945』
ジョージ・アキタ／ブランドン・パーマー著
塩谷紘訳（草思社文庫）から、
重要な主張を紹介しよう。

サンフランシスコ州立大学の人類学教授C・サラ・ソウ（蘇貞姫）女史は、大半の女性が周旋業者に騙されて売春を始めたという主張は間違っている、との立場をとる。ほとんどの場合、従軍慰安婦になる過程は開かれたものであり、当該の女性（とその家族）は、自分の行き先が売春宿であることを認識していた。当時、おびただしい数の朝鮮人女性が、父親または夫によって売春宿に売られたり、あるいは一家を貧困から救うために自ら進んでその道を選んだりしていた。朝鮮の儒教的父権社会にあっては、女性は使い捨て可能な人的資源として扱われたのだった。

これらの女性はほとんどが朝鮮人の仲介人に買われたが、日本人の周旋業者も多かった。ここでわれわれは、慰安婦募集のあらゆる過程で、朝鮮人の男性の存在が重大な鍵を握っていたことを認識させられる。朝鮮の男性は家族内の女性を朝鮮人の斡旋業者に売り、それらの業者が彼女たちを売春宿に売ったのである。朝鮮の女性は構造的暴力の犠牲者であり、父権主義的な朝鮮社会において家庭では発言権を奪われ、植民地下にあっては自らの苦境に抗う機会はほとんどなかったとソウ女史は正しく指摘している。

朝鮮古来の儒教思想の
徹底した男尊女卑こそが
「女性の人権侵害」
だったのであり、

当時の朝鮮では女性は
女性に生まれただけで
「奴隷」のようなもので、
男性の所有物でしかなく、
家が困れば売られて当然
という存在だった
のである！

慰 安 婦
第13章
慰安婦問題の歴史①
「慰安婦問題」ができるまで
若い人は、慰安婦問題とは戦後ずっと日韓間でくすぶり続けていたものだと思っているかもしれない。
左翼はわざとそういうふうに誤解させようともしている。
しかし、本当はもともと慰安婦に「問題」などなく、ある時期に、意図的に「問題」としてつくり上げられたものなのである。

はじまりはインチキ本

日本で初めて「従軍慰安婦」を戦争犯罪として世に広めたのが1973年発行の千田夏光著『従軍慰安婦』である

その前年に出た本多勝一著『中国の旅』が自虐ブームとでもいうような風潮を作っており それに便乗するような形で出版された本だった

「**関特演**」…関東軍特別演習とは昭和16年 対ソ連戦を想定して計画された70万人動員の大作戦である

そのため根拠が薄弱なことでも「とにかく日本は悪かった」とするような記述が目立ち 今日では誤りも多く指摘されているが当時の風潮に乗って続編と合わせて50万部のベストセラーとなった

この本で特に問題になるのは「関特演の慰安婦徴募話」と「挺身隊」に関する記述である

千田氏の本では関特演の後方担当参謀だった原善四郎元少佐（故人）の証言として「2万人の慰安婦が必要と算出して朝鮮総督府に徴募を依頼した」と書いている

そして最終的には面長（日本でいう村長）が人数を割り当てられて強制的に慰安婦を集めさせられたということになっている

これが本当なら権力を悪用した文字どおりの強制連行である

ところがこの記述には全く信憑性がない この本で証言している原元少佐は実際は第一課所属のはずなのに

第三課に属していました

…と言っている！元軍人が所属を間違えるなどということはありえない この証言自体が怪しいのだ

さらに上杉千年氏や秦郁彦教授が「関特演」関係者や原氏の当時の部下にたずねたところ

いずれも千田氏が書いているようなことは「**ありえない**」という結論だった

「挺身隊」というのは軍需工場などへの勤労動員のことである
千田氏は「挺身隊」として動員された朝鮮人女性20万人のうち5～7万人が慰安婦にさせられたと書いている
本当ならこれぞまさに「強制連行」なのだがこれも全くのウソである
挺身隊と慰安婦は完全に別物で挺身隊として動員された者が慰安婦にさせられた例は一つも確認されていない！
戦時中 朝鮮の反日運動家が「挺身隊で連れて行かれた者は慰安婦にさせられる」というデマを流したためにパニックが起き
それを抑えるのに苦労したという話が記録に残っているが
千田氏は当時のデマを信じこんだ朝鮮人の話を真に受け検証もせずに書いてしまったようだ
また1983年にはあの有名なウソ本吉田清治 著『私の戦争犯罪 朝鮮人強制連行』が発行される
私の戦争犯罪
朝鮮人強制連行
吉田清治
抹消された歴史の暗部
元"戦犯"日本人が書き残す朝鮮人慰安婦の強制連行の実態！
銃剣をつきつけて村の女性を奴隷狩りし慰安婦にしたというショッキングな内容だが
以上 千田と吉田の本の「強制連行」は全く信憑性がない
はっきり言えばデマだ
これを根拠にした意見には全く効力がない
今日ではこれが全くの虚構であることが証明され本人もフィクションであると認めている
しかもこれらの本は発表当時さほどの話題も集めなかったし
まして日本政府に謝罪と補償を求めようなんて誰も言わなかった

種をまいたのは日本の主婦

1989年 史上初めて「慰安婦に国家が謝罪と補償をすべき」という意見が表明された

一日本国は朝鮮と朝鮮人に公式に陳謝せよ

『朝日ジャーナル』5月19日号に掲載された「日本国は朝鮮と朝鮮人に公式に陳謝せよ」という意見広告である

これは以降 隔週で15回 12月まで掲載された

この広告主は**「朝鮮と朝鮮人に公式謝罪を百人委員会」**という市民団体で名前だけ聞くと大きな組織のようだが

実際に中心となって動いているのは大分市の主婦青柳敦子氏と在日朝鮮人の宋斗会氏の2人で 事務局も青柳氏の自宅だということである

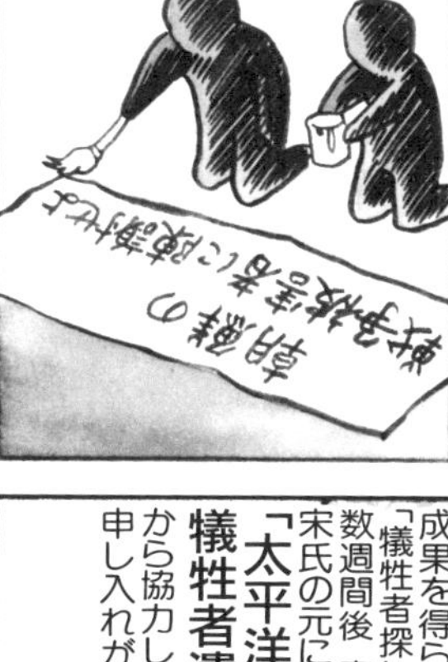

同会は「日本国籍確認訴訟」という裁判を進めていたがこの年の4月に敗訴

新たな運動目標として朝鮮人の戦争被害者 軍人・軍属労務者 従軍慰安婦に対して補償させようという活動をスタートさせたのだった

1989年11月19日 青柳氏と宋氏は韓国を訪問

日本政府に謝罪と補償を求める裁判を起こす原告にするための戦争犠牲者を探して回る

求む被害者

原告募集

しかし 特別の人脈もないため成果を上げられず

マスコミに意見広告のコピーなどを配布して3日後帰国した

この2人の訪問を受けた毎日新聞ソウル支局の下川政晴記者は

「歴史の発掘という努力はともかく「原告を探す」という発想には正直驚いた」

と語っている

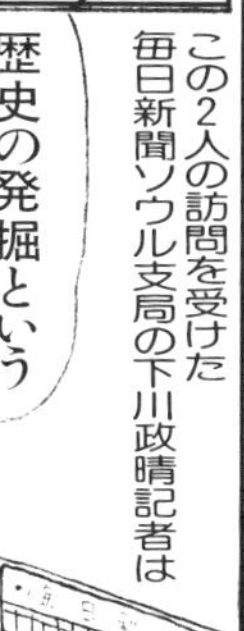

成果を得られなかった「犠牲者探し」から数週間後 青柳氏と宋氏の元にはソウルの**「太平洋戦争犠牲者遺族会」**から協力したいとの申し入れが来る

「遺族会」は1972年結成 1988年に再発足してから活動を活発化した組織で日本に対する裁判闘争を主な活動とし公称2万人を擁するという

この申し入れを受けた
青柳氏は90年3月に
再び韓国を訪問

「遺族会」は
1000人の会員を
動員して「説明会」
を開催

そこで青柳氏は
こう発言した

最初は10人を
原告として裁判
を始めたいと
思います

しかしこの10人の
背後には 多くの
原告がいることを
明らかにするために
委任状をできるだけ
多く欲しいのです

その後 説明会に参加
した「遺族会」の会員は
日本大使館に向け
デモ行進を行った

裁判に必要な
費用は 今
日本で400万円
準備しています

たくさんの
委任状を背景に
まず10人を原告
として裁判を
始める予定です

**このように
まぎれもなく
火種は
日本の
反日活動派が
まいたのである**

学者の良心を投げ捨てた贖罪行動

一方で韓国内でも
「慰安婦」が問題と
なり始めた

1990年1月
『「挺身隊」怨念の足跡取材記』
と題した4回の連載記事が
韓国の反政府系新聞「ハンギョレ新聞」
に掲載され これが大反響を呼んだのである

これを執筆したのは
韓国の上流子女の学校
梨花女子大教授の
尹貞玉（ユン ジョン オク）氏
である

尹氏自身も上流階級の
出身で梨花女子大を卒業
戦時中は親の威光で挺身隊の
工場動員もされなかったそうで
その心の痛みから慰安婦救済
運動を始めたと語っている

大学教授という権威ある
立場の者が発表する以上
個人の感情に流される
ことなく 事実に忠実な
研究をすべきなのは
言うまでもない

ところが尹氏には
そんな意識は
ひとかけらもなかった

彼女はひたすら
反日運動を盛り上げ
自らの贖罪意識を満足させる
ことだけが目的となってしまったようである

なにしろこの連載タイトルを見ればわかるとおり「挺身隊」と「慰安婦」を完全に混同している
内容はというと元慰安婦2人の証言を交え
そしてさらにすごいのは在日朝鮮人・金一勉氏が1976年に刊行した『天皇の軍隊と朝鮮人慰安婦』という本の内容をそのまま引用していることである
これは徹底した反日感情で書かれており朝鮮人が慰安婦になったのは「朝鮮民族を衰退させるための日本の陰謀」だとまで主張し
なんと「吉田清治さんの証言」がそのまんまの事実として引用され
さらには千田夏光氏から教示を受けたという記述まである
「ニクイチ」（〃憎い〃のゴロ合わせと言われる）という言葉から「兵隊29人に慰安婦1人」が存在したなどと言っている
トンデモ本のような内容なのである！
ピピピピ
吉田清治の著作は89年に韓国語訳が出たが間もなく韓国の地方紙「済州新聞」がその内容を全面否定
尹氏がこの新聞連載を書いた時には既にインチキであることが証明されていた
한겨레신문

にもかかわらず大学教授という権威ある者がこれを紹介したために
韓国の大部分の人が「挺身隊」と「慰安婦」を混同し
日本軍は朝鮮民族衰退の大陰謀のもと若い女性を奴隷狩りして慰安婦にしていたと信じ
その数は「ニクイチ」から換算して朝鮮人だけで17～20万人もいたという
完全なデマが一般常識として広まってしまった!!
その罪は極めて重いと言わざるをえない!!

金一勉氏の著作に至っては全く信憑性がなく
マトモな研究者ならまず気にも留めないようなシロモノである

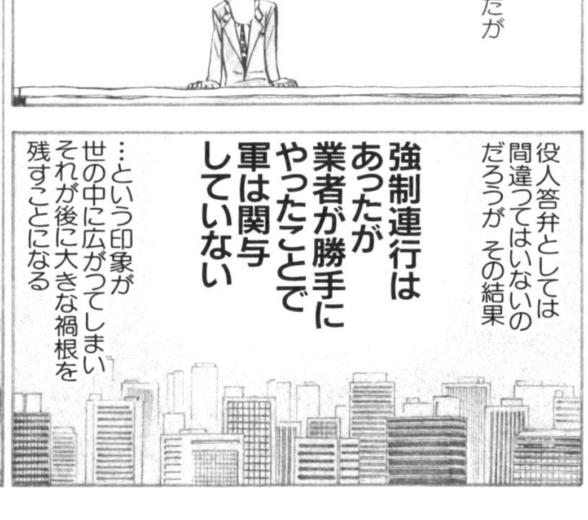

この国会答弁に抗議して
韓国の女性団体など37団体が
海部首相に向け
「公開書簡」を送る

〝天皇〟直属の日本軍の
要請で慰安婦用に
「朝鮮女子挺身隊」
の動員を命じられ
済州島や下関の朝鮮人
女性を徴用したという
元労務報国会の動員
責任者の証言(注1)も
あります

…というのだが

(注1)として
明示してあるのは
やっぱり
吉田清治の
著作である!

朝鮮人慰安婦と日本人
吉田清治
朝鮮人強制連行

一方 青柳敦子氏らに協力を申し出た団体「遺族会」は日本の戦後処理を要求して釜山の日本領事館からソウルの日本大使館まで500㎞を29泊30日かけて徒歩行進するという大イベントを開催

これを 臼杵敬子 というフリージャーナリストが取材しにやって来る

その理由を「遺族会」は「青柳氏らは弁護士でもないし あくまで裁判は遺族会の活動として行いたい」とコメントした

裁判の進め方でモメたという事情があったらしいが
この手の市民運動では「被害者の取り合い」というのはよくある話である

「ハッキリ会」は91年4月
韓国へ実態調査に向かう

以後も弁護団と数次にわたり訪韓調査を行っている

高木健一弁護士は8月に東京で「戦後補償フォーラム」を開催 日本とアジア9か国の代表・個人を集め補償要求を訴えた

もっともその内容には明らかな誇張・捏造があったことが指摘されている

そこで「挺対協」では再び「公開書簡」を出すとともに

元 慰安婦の人は名乗り出てください!
つらいのはあなたのせいではありません! 勇気を出して!!

…と呼びかけた

韓国では尹貞玉代表の「挺対協」が「公開書簡」の返事を求め再三にわたって催促状を出していた

それに対し 4月にはソウルの日本大使館が尹代表を呼び

強制連行の証拠はない

…と「公開書簡」の6つの要求すべてを拒否した

従軍慰安婦裁判 はじまる

そして1991年8月この呼びかけに応えて元 慰安婦 金学順(キムハクスン)氏が名乗りを上げる

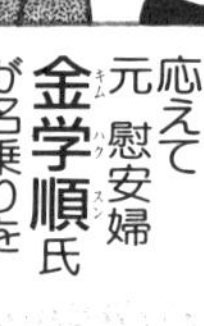

さらに金氏は「遺族会」にも登録し

後に いわゆる「従軍慰安婦裁判」の第1号原告となるのである

名乗りを上げた金学順氏はキーセン出身者だった

キーセンというのは韓国では「娼婦予備軍」と見られているから韓国の人は なぜこの人が補償を求めるのが不思議に思ったという

ところがこれを日本に伝えた朝日新聞は「キーセン出身」とは書かず その経歴を「『女子挺身隊』の名で戦場に連行され」と書いた

完全な誤報である

なんとこの誤報記事を書いた植村隆記者は
「遺族会」の専務理事の娘の夫である！
義理の親の運動をやりやすくするためにわざとウソを書いた
…そう思われても文句の言えない誤報だった
なお 植村記者は誤報の責任を問われることもなく
ソウル特派員などを歴任した
また吉田清治のウソ証言はこの頃朝日新聞に度々紹介され
朝日新
朝日新聞
吉田氏自身も全国を回って講演活動を続けていた
そして1991年12月6日「遺族会」は高木健一弁護士を代理人として日本政府を相手に提訴
原告は35人でうち3人が金学順氏らもと慰安婦だった
こうしていわゆる「従軍慰安婦裁判」は幕を開けたのである！
裁判開始の日の東京新聞には吉田証言が大々的に取り上げられ
慰安婦集めは軍命令
「奴隷狩り強制連行」を印象づけている
原告弁護団長の高木健一氏はこの裁判の争点を『従軍慰安婦と戦後補償』という本にまとめている
従軍慰安婦と戦後補償
高木健
この本では従軍慰安婦とは「軍によって計画的組織的に狩り集められ」たものだと断言している
また これに対する加藤紘一官房長官の談話も
政府が関与した正式の記録は見つかっていない
…と従来の官僚答弁の繰り返しで「奴隷狩り強制連行はあったが 政府は関与していない」と言い逃れしているような印象を強めた
私の戦争犯罪
吉田清治
朝鮮人強制連行
そしてその根拠もやっぱり「吉田清治氏の証言」なのである！

高木弁護士は「その証言は歴史的にも非常に大きな意義があるものと思われる」と絶賛
まるごと1章を使う大きな扱いで吉田証言を紹介
私の戦争犯罪
朝鮮人強制連行
吉田清治
さらに吉田証言は裁判の訴状にも使われ「慰安婦奴隷狩りがあった」と主張している
また 高木氏の著作は千田夏光著のウソ記述を丸写しして「関特演の慰安婦徴募」も「挺身隊=慰安婦」のデマもそのまま事実として載せている
従軍慰安婦
千田夏光
それどころか普通の人ならまず相手にしない金一勉の著作の内容までも丸写しして「朝鮮人女性を慰安婦として『種』までを奪うことによって朝鮮民族絶滅まで企図したと見ざるをえないのである」というトンデモないことまで断言する すさまじくウサン臭い内容となっている
天皇の軍隊と朝鮮人慰安婦
なぜ高木弁護士はこんなズサンな論拠をもって慰安婦訴訟を起こしたのか？
それは高木氏が以前に起こした「サハリン残留韓国・朝鮮人帰還請求裁判」のてん末を見ると明らかになる
高木弁護士はこの裁判を
原告らは第2次世界大戦中日本国によって樺太に強制連行され 苛酷な労働を強いられ 戦後は日本国によって引き揚げの機会を奪われてきた
として開始した
ところがサハリン再会支援会代表としてこの問題に取り組んできた新井佐和子氏によると
実はサハリンに残留している朝鮮人の大部分は戦後にソ連が北朝鮮から労働力として徴用した人たちだという
ただ中には実際戦時中に日本の徴用により連行され帰国できないでいた南朝鮮出身者もいることはいるが
それはソ連が同盟国の北朝鮮に配慮して韓国への帰国を許可しなかったためで
日本の責任を問えるものではなかったのである

普通なら却下されて終わりの裁判だが高木弁護士はこの法廷にあの詐話師吉田清治を呼び「朝鮮人強制連行」の証言をさせた
真偽も怪しくサハリンとは何の関係もない証言だったのだが
このショッキングな「証言」のおかげで「サハリン強制連行」の言葉が定着してしまった
市民団体の支援は広がり社会党も乗り込んできて結果 政府は32億円という補償金を拠出することになる
そして高木弁護士は最終的には訴えをすべて取り下げている
要するに高木弁護士はもともと成り立たない裁判であることを承知の上で提訴しているのである
こうしてマスコミを動員して世論を動かし
政治に圧力をかけて金を出させ
目的を達したところで取り下げる
…というのを常とう手段にしているのだ
そして高木氏は「これをモデルケースとしてこれからも同じように補償裁判を起こしていく」(統一日報)と語り その言葉どおりに「従軍慰安婦訴訟」を開始したのであった
勝訴が目的ではなく運動の道具なのである
「第1次サハリン裁判」が終結した89年高木弁護士は韓国政府から「国民勲章」を授与されている
パチ
パチ

遅れてきた「最高権威」と朝日の詐欺的記事

こうして問題の「慰安婦裁判」は始まったわけだが ここまでの経過の中にあの「従軍慰安婦問題の最高権威でカリスマ的影響力を持つ理論的支柱」である吉見義明中央大教授の名がまったく出て来ないのを不思議に思った方もいると思う

「最高権威」というから最初から深くかかわっていたかと思ったら 実はそうではなく 吉見教授が慰安婦問題に興味を持ったのは 1991年8月 名乗りを上げた金学順氏の記者会見報道を見たのがきっかけだというのである

慰安婦の痛み、切々と

これは吉見氏が自分で書いていることなので間違いないが 吉見氏は91年3月まで2年間アメリカへ留学しており それまで「慰安婦」が国会でも取り上げられる問題になっているということすらよく知らなかったそうだ

金学順氏の報道を見た吉見氏は防衛庁図書館で留学前に見た慰安婦に関する資料のことを思い出し 他の研究者の目から見れば珍しくも何ともないその資料をコピーして朝日新聞の記者に渡したのである

この「大発見資料」はしばらく寝かされた上で 宮沢喜一首相の訪韓5日前という絶妙のタイミングで 1992年1月11日 一面トップという大々的な扱いで報道された

朝日新聞

慰安所 軍関与示す資料

防衛庁図書館に旧日本軍の通達・日誌

部隊に設置指示

募集含め統制・監督

参謀長名で 次官印も

「民間任せ」政府見解揺らぐ

主な記事から

郵貯の総預金が初の減少

大ドイツに警戒強める米欧

高3が部室で高2を刺殺

新ラウンド 早期終

これが慰安婦問題における吉見教授のデビューであり 吉見氏はこの一件で一躍慰安婦問題の「最高権威」に登りつめたのである

問題の「大発見資料」はこれまで何度も説明されたとおり「業者が強制連行などしないように注意せよ」という内容で「よい関与」を示すものであった

「軍慰安所従業婦等募集ニ関スル件」(『陸支密大日記』1938年第10号所収、防衛庁防衛研究所図書館所蔵)

普通の国語力で読めば
一目瞭然の話なのだが
これを朝日新聞は
さも悪いことを
していたかのように
「慰安所
軍関与示す
資料」の
大見出しで
伝えた
朝日新聞
慰安所 軍関与示す資料
防衛庁図書館に旧日本軍の通
部隊に設置指
募集含め統制・
「民間任せ」政府見解揺らぐ
すでに
ここまでの経過で
「奴隷狩り強制連行は
あった しかし軍は
関与していなかった」という
印象が定着していたところに
「慰安所軍関与示す資料」
である

これで日韓両国で
多くの人が
軍命令により
慰安婦の
奴隷狩り
強制連行が
行われた
と信じこんで
しまった
まるで詐欺師の手口である
しかもこの記事の「従軍慰安婦」
の説明や同日の社説には
「朝鮮人女性を
挺身隊の名で
強制連行した」
「その数は8万
とも20万とも
いわれる」という
大ウソが堂々と
書かれ
社説
歴史から目をそむけまい
軍関与は明白
謝罪と補償を
吉見教授は
「軍関与は明白 謝罪と補償を」
というコメントを寄せている

こうして吉見教授の
「大発見資料」
により
日本軍は
慰安婦の奴隷狩りを
やった という認識が
定着するに至ったのである
“とにかく弱者を仕立てて
裁判を始めさえすれば
いい”とでもいうような
高木弁護士の手法は
まんまと当たった
ことになる
なにしろ「大学教授」という
権威ある学者まで
寄って来て支援してくれるの
だから 大成功といえよう

日韓共演 慰安婦狂想曲

この「朝日の大スクープ」は
韓国にも大波紋を
投げかけた
そして3日後の
1月14日 今度は
韓国マスコミが一斉に
「小学生まで慰安婦に
させられていた!」
というショッキングな
ニュースを報じた

ところがこれがまた大誤報で 真相は女子児童が軍需工場に挺身隊として勤労動員されていたというだけの話だった
しかし例によって「挺身隊＝慰安婦」のデマを信じ込んだマスコミがこのような大誤報を飛ばしたのである
この報道は韓国内に大騒動を巻き起こす
各地で当時の小学校の学籍簿調査が行われ
そこに勤労動員の「挺身隊」の記述があれば
それはすべて慰安婦にされたものと解釈されてしまった
朝日新聞同様韓国マスコミも誤報の訂正を一切出していないというから
今でも韓国では多くの人がこれを信じているようだ
挺身隊＝慰安婦
そんな中 韓国を訪問した宮沢首相は気の毒と言うほかないが この人は官房長官時代の1982年 高校教科書の「侵略→進出書き換え」報道の時も 実際にはこれが完全な誤報だったにもかかわらず
事実を調べもせずに中国に謝りまくり
今日の自虐教科書をつくるきっかけを築いた人である
この訪韓の時も談話・首脳会談などで合計6回も謝罪し実態調査を約束して帰国することになる
1月18日には盧泰愚大統領が韓国内閣に真相究明を指示したが
そこでも「挺身隊」と「慰安婦」を完全に混同したまま全国の学校の学籍簿調査を行い
「挺身隊」の動員状況の実態調査なんかをやっていた
こうして「吉田証言」と「挺身隊＝慰安婦」というたった2つのウソ話を元にした「慰安婦強制連行」の虚構が
日韓両国に果てしなく広がっていった…
日本では1月23日朝日新聞夕刊『窓』欄に論説委員の北畠清泰氏が
吉田清治を〝勇気ある証言者〟として絶賛紹介

ジャーナリストの大高未貴が
吉田清治（本名・雄兎）の
長男を取材して
『父の謝罪碑を撤去します』
（産経新聞出版）という本を
書いている。

清治は韓国に
「私は徴用と強制連行を実行指揮した」
という虚偽の碑文を刻んだ
「謝罪碑」を建立しており、
長男はこれを撤去することを望み、
代理人に依頼した。

ところが碑は横幅120㎝もあり、
「プレート型」の洋型墓石のように
地面に埋め込まれた構造だったため
撤去は不可能で、代わりに
「慰霊碑　吉田雄兎　日本国　福岡」
とだけ刻んだ大理石の板を
碑の全面に接着し、
碑文を書き換えたのだった。※

※その後、大理石の板ははがされ、碑は元に戻されている。

同書にはその顛末や、
吉田清治という人物の
実像が綴られている。

さらに注目すべきは日本社会党（当時）と
慰安婦問題の関わりである。

1991年頃、日本社会党委員長（当時）・土井たか子
の秘書が、挺対協代表（当時）の尹貞玉に、
第三者がいる面前で公然と大金が入ったと
見られる封筒を手慣れた感じで渡していたとか、
国会で初めて慰安婦に関する質問をした清水澄子
参院議員は挺対協と一心同体だったのみならず、
日朝国交正常化を唱え、
「金日成主席生誕100周年記念」の訪朝団の団長を
務めた大の親北朝鮮派だったとか、驚く話ばかりである。

慰安婦問題に
関わった人物について、
解明すべきことは
まだまだある。

第14章
慰安婦問題の歴史②
「河野談話」はこうしてつくられた

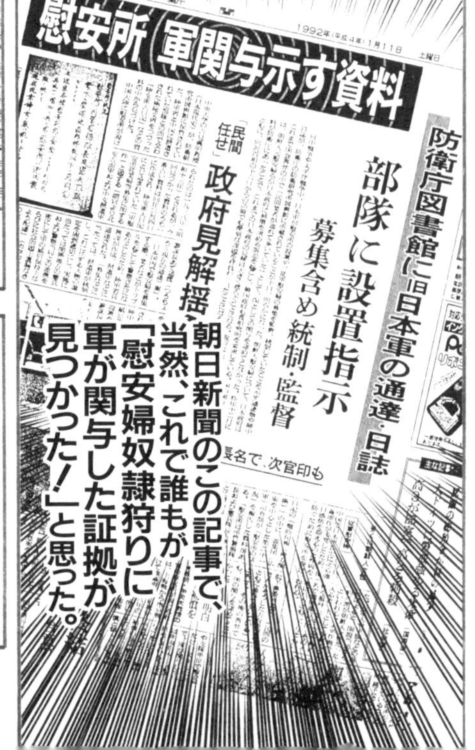

1992年（平成4年）1月11日　土曜日

慰安所 軍関与示す資料

防衛庁図書館に旧日本軍の通達・日誌

部隊に設置指示

募集含め統制・監督

「民間任せ」政府見解揺

◀平成4（1992）年1月11日付

かくして宮沢を反日デモが大歓迎したのである。
日本政府は慰安婦に謝罪しろ！

訪韓5日前という絶妙のタイミングを狙いすましたこの記事は朝日・反日謀略結社の最高傑作だった！

宮沢はその猛烈な「雰囲気」にすっかり飲まれた。
そして首脳会談などで8回も謝罪と反省を繰り返した。
反省
謝罪
謝罪
謝罪
謝罪
謝罪
反省
謝罪

月刊『現代コリア』の西岡力（つとむ）氏が外務省の担当官に宮沢は慰安婦の「何に対して」謝罪したのかを問い質した。
すると驚いたことにこんな答えが返ってきた。
これから調査する。
さらに担当官はこんなことも言った。
あの人たちがひどい目にあったのは事実だから。
何が悪いのかもわからないまま、ただかわいそうな人がいる、怒っている人がいる、
それだけで謝罪6回反省2回
首相も外務省もガキの使い以下の頭カラッポだった。

宮沢には「国を守る」という意識が全くない。
もし、それがあればどんなに相手が怒ろうと事情がわからなければ「速やかに調査する」だけで通しただろう。

8回も謝罪と反省を表明しておいて、あとで
あれは詐話師のウソ話だったからあの時の謝罪ナシね♡
なんてことが国際社会で通用するわけがない。

これで事実上、政府は「日本軍は朝鮮半島の女性を『挺身隊』の名目で奴隷狩りして慰安婦にした」と認めたことになった！

韓国では慰安婦奴隷狩りを、「実録ドラマ」と称してテレビ放映、
大多数の国民にそのイメージが徹底して刷り込まれた。
親日派!!
韓国で「親日派」という言葉は「売国奴」「裏切り者」を意味する!
このレッテルを貼られたら社会的地位はおしまいという言葉なのである。

当時を知っている老人や誠実に史料に当たった知識人からは、それは事実じゃないという声も上がった。
するとたちまち罵声が飛んだ。

一方 韓国政府は7月31日「日帝下軍隊慰安婦実態調査中間報告書」を発表
この内容は その後も訂正・変更などはされず最終報告書も出ていないため これが現在通用している韓国の公式見解である
この報告書は「強制連行はない」とする日本政府に反論する内容になっている
ところが…

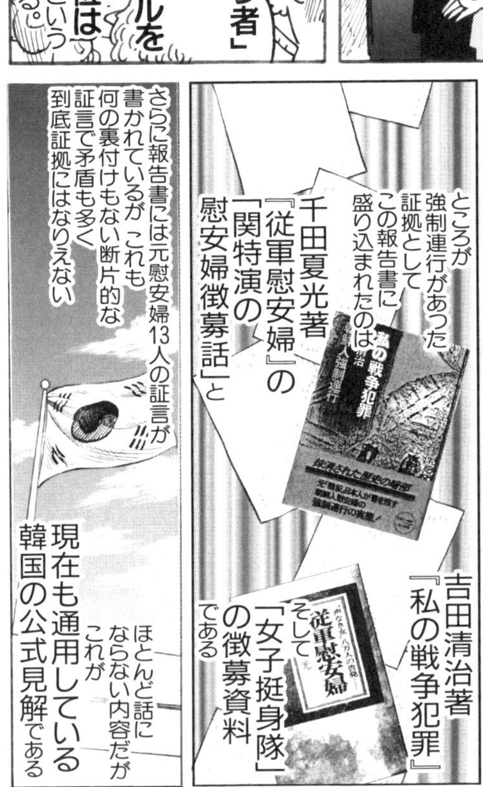
ところが強制連行があった証拠としてこの報告書に盛り込まれたのは
千田夏光著『従軍慰安婦』の「関特演の慰安婦徴募話」と
吉田清治著『私の戦争犯罪』そして「女子挺身隊」の徴募資料である
私の戦争犯罪
従軍慰安婦
さらに報告書には元慰安婦13人の証言が書かれているが これも何の裏付けもない断片的な証言で矛盾も多く到底証拠にはなりえない
ほとんど話にならない内容だが これが
現在も通用している韓国の公式見解である

この騒動をどう収めるか、
平成5（1993）年日韓の密室外交が始まった！
この時には韓国政府もさすがに「強制連行は虚構」とわかっていた。
だが、あまりにも熱狂的に盛り上がってしまった韓国内の世論の手前、それを認めるわけにはいかない。

もし、認めたら「対日外交に敗北！」「弱腰外交！」
囂々たる非難を浴び発足間もない金泳三政権が揺らぐおそれすらあった。
そこで韓国側は、補償は一切求めないから「強制連行」だけは認めてくれと遠回しに打診してきた。
そもそも、この問題は韓国人が始めたわけじゃない。
従軍慰安婦に謝罪せよ！
朝日新聞
日本人が火をつけ…
日本の新聞が油を注ぎ…
日本の首相が謝ったのだ。
譲歩すべきは日本のほうだろう…と

日本政府は「補償を求めない」という申し入れに渡りに船と飛びついた。
金さえ出さずに済むならば、頭はいくら下げても減らないと言わんばかりの卑屈さ。
やってもいない犯罪を国家の名で認めてしまったらどうなるか、
そんなことは誰も考えなかった。

交渉に当たった
当時の官房副長官
石原信男は後に言った。
それを日本政府が
認めることでおさまると
そういう感じでした。
いかなる意味でも韓国側は
金銭的な要求は考えていない
と言っていましたから。

こうして真実とは全く別に
「河野官房長官談話」
の作成が始まった。
政治的取引の
産物とはいえ
表向きは
証拠に基づいた
ように見せかけ
なければならない。
でも証拠なんか
どこにもない。

そこで体裁を
整えるため、
日本政府は
韓国人慰安婦
証言の
ヒアリングを
行った。

一行は
支援団体や
マスコミに
もみくちゃにされ
怒号の中で
屈辱の
ヒアリングを
した。
まず
謝罪しろ!

真相解明の
ためではない。
あくまでも
政治的
セレモニー
である。
元慰安婦が
何を言おうが
どんなに発言が
矛盾しようが
何一つ
問い質さない。
ただただ
聞くだけ!

宮沢はヒアリングの
報告書が出来ると、
読みたくない!
…この男は、自分の
責任から逃げ続けた。

このヒアリングと、韓国の慰安婦支援団体が出版した『証言集』。
その2つだけが「河野談話」の謝罪の「証拠」ということになった。
ただしヒアリングは未だ公開されていない。

当時の外政審議室長は言った。
余りにもオドロオドロしいので出しませんでした。
そのまま信ずるか否かと言われれば疑問はあります。
証拠能力がないのがバレバレで出すに出せないと白状しているようなものだ。

一方の支援団体が作った『証言集』も事情はそう大差はない。
例えば「慰安婦裁判」第1号原告・金学順(キム・ハクスン)の身の上話は、以前に作られた訴状などではこうなっている。

貧困のため40円で売られて養女となり、キーセン修業。「金儲けができる」と養父に連れられ中国へ行き養父と別れて慰安所に入れられた。

これを聞いて韓国人はあっけにとられた。
なんでこの人が日本を相手に訴訟やってるの?

そりゃそうだろう。誰でも知ってる典型的な娼婦の身売り話なのだから。

これは「慰安婦強制連行」を隠蔽するための日本の内閣調査室の陰謀か?
…とまで言われる始末だった。

すると、後になって出たこの『証言集』で突然こんな身の上話が「追加」された。
北京の食堂で日本の将校にスパイと疑われ強制連行された。
…こんなのが日本政府が謝罪する「証拠」にされたのである。
朝日新聞は金学順がキーセン出身なのを隠蔽し、
それどころか「女子挺身隊の名目で戦場に連行された」と全くのデマを載せた。
思い出すと今も涙
韓国の団体聞き取り
元朝鮮人従軍慰安婦
◀平成3年8月11日
そして金学順は韓国で「英雄」にされ、
その死後には銅像が慰安婦少女像とともに各地に建てられた。
慰安婦がよくテレビで泣き叫んでいる。
私は騙されて慰安婦にさせられた――っ
強制連行されて監禁されて慰安婦にさせられた――っ
かわいそうにとは思う。
しかし騙したのは誰か？
強制連行したのは誰か？
それは本当に日本軍だったのか？

売り飛ばされた
少女は
監禁生活を
強いられる。

「夜一時になると出入口を閉めて、
鍵を警備員が持って行ってしまう。
昼間は案内員が出入口の前を見張って
外出を監視する。
窓は鉄格子がはめられていて
逃げ出すことはできなかった。
風呂に行くときは見張りをつける」。
なにも知らず臆病な幼い少女たちは、
この程度の締めつけで簡単に
おじけづいてしまう。
こんな監禁生活をひと月ぐらいさせ、
無理に売春行為を続けさせると、
大部分の少女たちは自暴自棄になり
プロの売春婦になってしまうのである。
（『キーセン観光　実態報告書』）

韓国では1990年代でも年間400人以上の女性が失踪し私娼街に売り飛ばされていた。
まして戦時中はどれだけ悪質なブローカーが暗躍したかわかったものではない。
日本軍はなるべく悪徳業者を排除しようとしていたのだが、
泣き叫ぶ元慰安婦はおそらく悪質な業者に引っ掛かって悲惨な目にあったのだろう。
それは韓国では戦後も延々繰り返された悲劇なのだ。
そういうおばあさんにはせめて心安らかな老後を過ごしてもらうべきじゃないのか？
そんな不幸なおばあさんに近寄り、その不幸の原因をすべて日本に転嫁するように仕向けテレビでさらし者にして、
自分たちの反日活動の道具にしている市民団体は、
自分たちのやっていることがどれだけ残酷なことなのか少しは自覚したらどうなのか!?
元従軍慰安婦に日本は国家補償を
「河野談話」に話を戻そう。
日韓政府間の密約でとにかく証拠なんかどうでもいい。
なんでもいいから謝罪すると決まっていた。
あとは文面の「落とし所」を探る駆け引きが続いた。
強制連行…認めていそうでなさそうで…
どーーとでもとれるできる限り玉虫色の表現が練られた。

「強制連行」という言葉は一度も使わずこんな文章が盛り込まれた。

本人たちの意思に反して集められた事例が数多くあり

これは韓国側から見れば、「奴隷狩り強制連行」

だけど日本側から見れば「本人はイヤだった」

好きこのんで娼婦になる人はそんなにいなかった…と言っただけ。

…いかにも官僚が思いつきそうな小細工だった。

双方それぞれの解釈でいいでしょ?

もう二度と外交問題にしないでねこれで一件落着っ♡

…そんな甘い判断が通用するはずなかった。

しかもこの「本人たちの意思に反し…」の続きには絶対に書いてはならない文言があった。

更に、官憲等が直接これに加担したこともあった

当然、これを韓国側は「日本政府・軍が直接奴隷狩りをやった」と解釈した。

日本の左翼学者ですら「日本政府・軍による強制連行はない」と言わざるを得ないほど全く何の根拠もないにもかかわらず、

「日本軍が慰安婦奴隷狩り強制連行をした」という吉田証言を日本政府が全面的に認めたことになってしまった!

韓国では、そのイメージはもはや拭い去ることは不可能なまでに一般常識として定着した。

「河野談話」は、「一度認めてくれれば収まる」という韓国政府の「甘言」に乗せられた宮沢内閣が、38年ぶりの政権交代による退陣の5日前「どさくさ紛れ」に発表した。
それからどうなったかはみんな知ってのとおりだ。
「本人はイヤだった」と言っただけ…なんて日本側の解釈は一切通用せず、
韓国側の解釈だけが全世界に広がった。
「これで収まる」どころか世界中に
「慰安婦・奴隷狩りをやった世界に類を見ない性犯罪国家・日本」のイメージが作られ今も増殖中だ。
さすがに韓国政府は「密約」を守って補償の要求はしなかったが…
……
韓国の慰安婦支援団体は国家補償を要求する声を高め、
例によって、それに日本のサヨク市民や朝日新聞が呼応していった。
国家補償せよ
そして韓国の子供たちは慰安婦は強制連行の被害者だと教育され、反日思想に洗脳されて育っていく。

国連人権委員会に提出された「クマラスワミ報告書」も
吉田証言まで採用して強制連行はあり慰安婦は「性奴隷」だと主張して、
UNITED NATIONS
Economic and Social Council
日本政府に対し公式謝罪・個人賠償責任者の処罰などを求める勧告を行った
報告書
日本では半官半民の「アジア女性基金」が設立され、
元慰安婦に「償い金」を支給するための募金を行った。
アジア女性基金ニュース
ASIAN WOMEN'S FUND NEWS
No.19
村山富市理事長に聞く
アジア女性基金の「償い事業」
国民と政府の償いの気持ちをお届けしています
97年1月「アジア女性基金」は韓国人慰安婦に対する「償い金」の支給を開始した
韓国で7人に支給
元慰安婦「償い金」批判に配慮、非公開
拒否求める声なお強く
国家による責任がない以上この民間基金が実行できる最大限の措置としか言いようがないのだが……

あくまでも日本国家による補償を求めている「挺対協」はこれに激しく反発
民間基金の支給を受けた元慰安婦7人を批判する文章を出し
韓国内の基金支給を打ち切った
本人が日本からのお金を受けとると言ってるのだからほっといてほしい
…と元慰安婦は言うがそもそも「挺対協」の活動家は「反日」だけが目的でそのためには手段を選ばない元売春婦のハルモニなんかホントはどうでもいい というのがホンネなのだろう
そのためにこの元慰安婦たちは「殺す」などの脅迫をひっきりなしに受けることになってしまった

そして
この不祥事の
最大の責任者
2人は一切責任を
問われることもなく
その後再び
大臣になった
「日本国」ほど
無抵抗で
ないがしろにされる
存在はない。
わしは
「日本国」に
同情する。
ごーまんかまして
よかですか？
「国家侮辱罪」を
制定して
国と国民を
侮辱した者らを
処刑せよ！
外務省

河野談話には何が書いてあるか？

自称保守の言論人たちは、河野談話は「慰安婦強制連行を認めた談話」で、強制連行がなかったことさえ論証すれば否定できると思い込んでいる。

連中は、本文８６０字しかない河野談話も読んでいないんじゃないか？

談話作成の際、内閣官房はあらゆる史料を探し回ったが、ついに「強制連行」があったと証明できる史料は発見できなかった。

しかし強制連行がなくても、日本政府は韓国との密約により謝罪することになっていた。そこで官僚は、強制連行がなくても謝罪をする理屈を必死でひねり出したのだ。

河野談話には「強制連行」の語は一切出てこない。

代わりに「甘言、強圧による等、本人たちの意思に反して集められた」と記し、「強制性」があったということにするすり替えが行なわれた。そして、その募集には「官憲等が直接これに加担したこともあった」としたが、実際にはそのような例は確認されておらず、その根拠は裏付けのない証言だけだった。

談話では、さらに重ねて「その募集、移送、管理等も、甘言、強圧による等、総じて本人たちの意思に反して行われた」と書かれている。

この「総じて」という語は韓国政府からの要請で、多少もめたが結局入れられたという。実際には慰安婦は高給で、本人が同意していた場合も相当数あったはずなのに、「総じて」を入れられたことで、そのほとんどが自らの意思に反して慰安婦にさせられたと認めたことになってしまったのである。

だが、河野談話で最悪なのは、その後に続くこの部分だ。

「いずれにしても、本件は、当時の軍の関与の下に、多数の女性の名誉と尊厳を深く傷つけた問題である。」

「いずれにしても」とは、「前段で言っていることはともかく」ということである。つまり、もはや「強制連行」があったかどうかなんてどうでもいいし、「官憲等が直接加担」したかどうかも大した問題ではないのだ。

そしてその上で、慰安婦問題の本質とは「当時の軍の関与の下に、多数の女性の名誉と尊厳を深く傷つけた問題」だということにしたのだ！

さらに談話は「政府は、この機会に、改めて、その出身地のいかんを問わず、いわゆる従軍慰安婦として数多の苦痛を経験され、心身にわたり癒しがたい傷を負われたすべての方々に対し心からお詫びと反省の気持ちを申し上げる」と続く。

これでは具体的にどのような行為が「女性の名誉と尊厳」を傷つけたのかはほとんど判然とせず、「慰安所」があったこと自体が「女性の名誉と尊厳を深く傷つけた」のであり、これこそが慰安婦問題の本質だと認めて「お詫びと反省」を述べたように読める。

河野談話は、最初から強制連行の有無などどうでもいいものとして作られている。「強制連行の有無」が河野談話の最大のポイントだなんて思っているのは、日本の馬鹿な自称保守派だけなのだ。

国家として「お詫びと反省」を表明するというのは一大事であり、お詫びする対象はできるだけ具体的に限定するのが常識だ。ところがここまで漠然として、どこまでも対象を拡大解釈できる文言で謝罪するとは、一国の政府として正気の沙汰ではない。

これは未来永劫に禍根を残す、最悪の謝罪だったのだ。

慰安婦関係調査結果発表に関する
河野内閣官房長官談話（全文）

いわゆる従軍慰安婦問題については、政府は、一昨年12月より、調査を進めて来たが、今般その結果がまとまったので発表することとした。今次調査の結果、長期に、かつ広範な地域にわたって慰安所が設置され、数多くの慰安婦が存在したことが認められた。慰安所は、当時の軍当局の要請により設営されたものであり、慰安所の設置、管理及び慰安婦の移送については、旧日本軍が直接あるいは間接にこれに関与した。慰安婦の募集については、軍の要請を受けた業者が主としてこれに当たったが、その場合も、甘言、強圧による等、本人たちの意思に反して集められた事例が数多くあり、更に、官憲等が直接これに加担したこともあったことが明らかになった。また、慰安所における生活は、強制的な状況の下での痛ましいものであった。なお、戦地に移送された慰安婦の出身地については、日本を別とすれば、朝鮮半島が大きな比重を占めていたが、当時の朝鮮半島は我が国の統治下にあり、その募集、移送、管理等も、甘言、強圧による等、総じて本人たちの意思に反して行われた。いずれにしても、本件は、当時の軍の関与の下に、多数の女性の名誉と尊厳を深く傷つけた問題である。政府は、この機会に、改めて、その出身地のいかんを問わず、いわゆる従軍慰安婦として数多の苦痛を経験され、心身にわたり癒しがたい傷を負われたすべての方々に対し心からお詫びと反省の気持ちを申し上げる。また、そのような気持ちを我が国としてどのように表すかということについては、有識者のご意見なども徴しつつ、今後とも真剣に検討すべきものと考える。われわれはこのような歴史の真実を回避することなく、むしろこれを歴史の教訓として直視していきたい。われわれは、歴史研究、歴史教育を通じて、このような問題を永く記憶にとどめ、同じ過ちを決して繰り返さないという固い決意を改めて表明する。なお、本問題については、本邦において訴訟が提起されており、また、国際的にも関心が寄せられており、政府としても、今後とも、民間の研究を含め、十分に関心を払って参りたい。

第15章
過去を裁く現代人の驕り

う…うん
そうじゃが…
その当時は
誰でも…
野蛮人！
あんなに
おとなしくて
頭もいい
鯨さんを
殺して
食べてしまう
なんて！
誰が
そんなこと
を…
学校で
習ったんだよ
鯨さんを食ってた
おじいちゃんみたいな
野蛮な日本人のせいで
ぼくたちは
世界中の嫌われ者だ
日本人の
恥！
がーん
おまえが
食われて
しまえ！
たたたた…
小学社会

一ぴきを大ぜいで刺し殺す
くじらはその大きな体ににあわず、小
魚やプランクトンを食べる、おとなしい
動物です。それを日本人は昔から、一ぴ
きを大ぜいで追いたてて殺しました。
江戸時代のころは、小さな船を何せ
も出してぐるりと取りかこみ、もり
十本もつきさし、海を血の色にそめ
の時代には大砲のような機械
たもりをうちこみ、逃
追いかけたの
8
捕鯨していた日本人
くじらは、海の中でくらしていますが、私たちと同
じほにゅう類で、とても頭がいいと言われていま
ところが日本人は、くじらをざんこくな
バラバラに解体して食べていたの
なぜそんなことがゆる
私たちはこの
ひ・ろ・げ・る
作文を書こう
血まみれで悲しく泣く　くじらさん
これまで勉強してきたこと
をもとに、作文を書いてみま
くじらさんの気持ち
書いたお話や、それ
した絵を描いて、発
んなでやりましょう。
じらのジラースー一家は、とてもなかよし。
ました。そんなある日、黒い船が平
船には日の丸がひるがえっ
日本人が来た」と
さけびました。
母さんのお
みんなで考えよう
くじらホロコースト
てつやくんたちは、日本人がくじらを大ぎゃくさつ
し、絶滅寸前に追いこんだことを学びました。
「私、沖縄でホエール・ウォッチングをして
きたこともあるけど、あんなに大きくて優し
そうなくじらさんを食べて、絶滅させようと
していたなんて、本当に信じられない」
悪いことをした
反省
抗議するマリン・ピースの人々
日本の捕鯨に反対する環境保護団体、マ
リン・ピースの人々は、日本の船にゴムボ
ートで体当たり、ウインチのワイヤーをカ
ットするなどの行動でくじらを守りました。
これを日本は「船舶の安全航行を妨害す
る破壊活動」だと決めつけ、抗議船に放水
するなどして運動をおさえようとしました。
これに対してマリン・ピースの人々は、
世界の非難をあびて
くじらを殺りくする日本人
WC（国際捕鯨委員会）は1982年、
の一時停止を決めましたが、
にさからい、世界中から
年にようやく商
「調査
日本人はどうし
世界の声
マッコウから日本人と戦うマッコウクジラ
マッコウクジラはほぼ世界中の海に生息し、ゆうゆ
うと泳いでいますが、日本の船がくじらを殺すために
どんどん外国の海に侵略していった時代には、彼らも
とができませんでした。
くじらが安心して泳げる海を返せ！
くじらさんかわいそう…

その夜…
英雄 当時は
鯨を食うことは
悪いことじゃ
なかったんだ

うそつき!
当時 食べてた人が
学校に来て
みんなに話してくれた
そのおじいちゃんは
ちゃんと反省して
謝罪してたぞ!

ええっ?
我々は
鯨を解体し
まるで
ステーキみたいに
焼いて食って
おったんじゃ
良心のかけらも
なかった…
講師
海中守之
それどころか
血のしたたる
生肉まで
食っておった

鯨は今 ほとんど
絶滅状態に
なってしもうた
我々が
皆殺しに
したからじゃ
これは
ホロコーストじゃ!

いいやつらじゃったのに…
人間とコミュニケーションが
とれる生物じゃった
彼らは我々に
何の敵意も
持ってなかった

なのに 我々
日本人が
食い殺したのじゃ〜〜っ

申し訳ない
ごめんなさ——い
おんおん
おんおん
講師
海

日本人は反省し謝罪すべきだと思う！じいちゃんも謝れ！
い…いやじゃあの当時はそれが悪とは誰も思っとらんかった！
みんなで美味しく食べたんじゃ〜〜っ
右翼！
おじいちゃんは右翼だ〜〜っ
今の若い人は鯨のステーキ食べたことあるだろうか？
鯨のしょうが醤油漬け食べたことあるだろうか？

わしの子供の頃は鯨の肉 食うのは普通だった
昔は牛肉のステーキなんかなかった
せいぜいが豚肉かご馳走は鯨のステーキだった

今 日本の捕鯨は世界標準から見たら批判が多い
鯨の肉を食うなんてなんて野蛮な民族だとまで思われている

基本的には文化の違いなのだがこうまで鯨肉が日本の食文化から消滅してしまうと
将来 価値観の違ってしまった子供たちから我々の世代は批判され軽蔑され反省させられ謝罪させられる可能性だってなくはない

価値観というものは変われば変わるものなのだ

2001年1月
「週刊ポスト」で
田原総一朗氏と
対談した時
非常に驚いた
田原氏が
こう言うのだ…
たとえば、日本では「帝国主義」は
すべて悪ということになっているが、
日本が韓国を併合(1910年)した時期には、
世界の常識として帝国主義が
悪いということはなかった。
むしろ、帝国主義というのは
前向きな言葉として使われて
いるわけ。
その帝国主義が悪い言葉に
なるのは、第一次大戦が終わる直前、
ウィルソンの14か条(1918年)からですよ。
だから、植民地をつくるのが、正しいか間違って
いるかなんて考えることさえなかった。
とるかとられるか。
つまり植民地にするかされるかどっちかだった。
そりゃ
知ってる
けどさあ
…
帝国主義が
当時の常識であり
悪という認識など
なかった
そう
その通りなんだ

世界がそのような
常識の時代であったのならば
朝鮮併合に対して
なぜ日本人は罪悪感を
持たねばならぬのか?
なぜ反省を強いられたり
謝罪を求められねば
ならぬのか?
田原氏の論理で
どうしてもわからないのは
当時は
植民地支配が
悪ではなかった
と言いながら
その一方で
日本は建前で
韓国を独立
させるような
ことを言い
実際は完全に
支配しようと
した
…と言って
憤りを示す
そこでわしが…
けど近代国民国家
として でき上がって
なかったから…
と言うと
なんと…
じゃあ
近代国民国家
じゃない国は
いくら植民地に
してもいいの?
…と
反発するのだ!

結局 田原氏は
現代の価値観で過去を
裁く心情から脱していない
かつて鯨肉を食していた
日本人を 将来の子供が
裁くように！

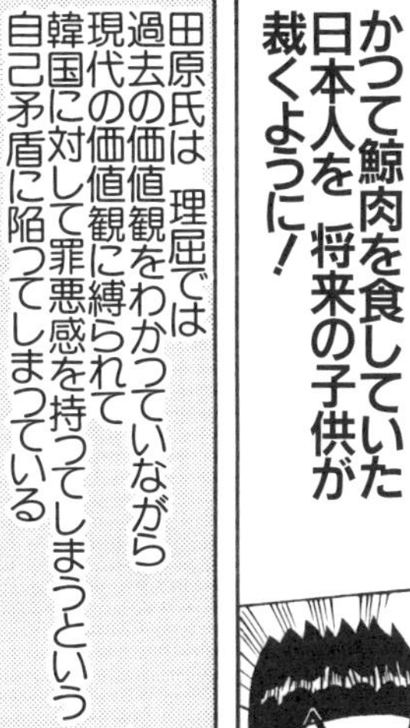
田原氏は 理屈では
過去の価値観をわかっていながら
現代の価値観に縛られて
韓国に対して罪悪感を持ってしまうという
自己矛盾に陥ってしまっている
これは彼が良心の人でもあるからなのだが…

わしとて 今の価値観では
軍事力を背景に
領土を拡張したり
植民地を持ったりする
ことは悪だと思っている
だから今の中国は
嫌いなのだ

しかし 過去の価値観を
今の価値観で裁いても
仕方ないではないか！
人権擁護
動物愛護
反戦平和
それは現代人の
傲慢というものだ！

過去の価値観
には
そうか
そんな考えが
常識だった
時代もあった
のか…
そんな時代に
生まれなくて
よかったな
…とか

そんな時代を
サバイバルした
日本の先人たちは
大変だったろう
な…
…とか

そんな時代に
生まれていれば
面白かったろうに
…
…とか思うくらい
しかできない
ではないか！

なのに
「現代の価値観と
違うから」
良心が痛む！
反省すべきだ！
謝罪すべきだ！
などと主張しているのは
まるで子供が だだをこねているのと同じだ！

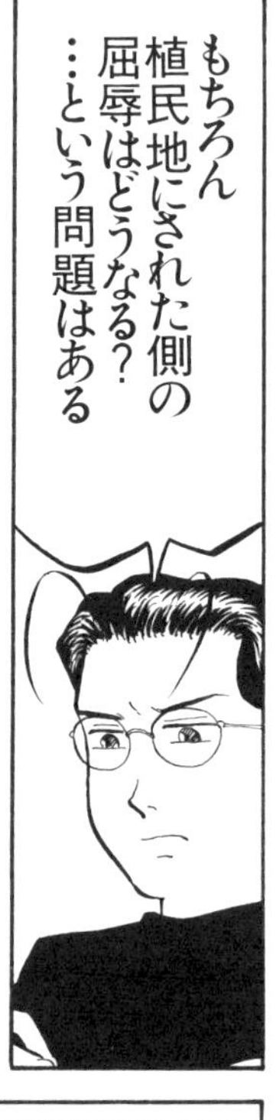
もちろん
植民地にされた側の
屈辱はどうなる?
…という問題はある

だからこそ
「当時の世界情勢の中で
朝鮮が他に取る道が
あったのか?」…とか
「なぜ その道を
取れなかったのか?」…とか

「日本さえ
手出ししなければ
朝鮮は ただちに
国民国家に
生まれ変わって
帝国主義の時代に
対抗できたか?」…とか
「清やロシアの
朝鮮半島に対する
影響力は
どうだったのか?」…とか
韓国の側からの誠実で勇気ある
客観的な分析が必要であり…

そして日本の側からも
「朝鮮半島をめぐっての
日清戦争・日露戦争という
国の命運を賭けた
戦いを避けて
あの帝国主義の時代を
生き延びられただろうか?」
…とか

「朝鮮を併合した後に
日本は欧米諸国の
徹底的な搾取と同様の
植民地政策を
取ったのか?」…とか
「なぜ 日本のほうが
朝鮮経営に
お金を使いすぎて
持ち出しになったのか?」…とか

「なぜ 大東亜戦争が
始まった時
朝鮮からの志願兵が
続出したのか?」…とか
「創氏改名の実態は
どうだったのか?」…とか

「日本統治時代の朝鮮人の本当の声が戦後世代の〈反日〉感情となぜギャップがあるのか?」…とか精密で学問的な分析が必要になるのである
悪い日本人もいたかもしれませんが 私の場合は運よくそんな人たちとはいっさい縁がありませんでした
私自身は当時日本人に対して悪い印象はまったく持っていませんでした
学校では生徒たちからも先生たちからも差別をされたことはありません商業学校の恩師二人はとても尊敬できる人でした
日本人の同級生とはとても仲良くしていたし差別ということはまったくなかったただ成績が一番だったのに級長にさせてくれなかったことが悔しかった学校以外でも日本人はみんなやさしくしてくれた
日本人が搾取するとかチェサ(祖先祭祀)を邪魔するとかいったことはまったくなかったですよ特に田舎では 日本人は朝鮮人が怖くてかってなことはできませんでしただから日本人から差別されたなどの問題もなかったです
「過去に併合されたことが屈辱だ」という感覚自体が現代の価値観から生まれ現代の必要性から増幅されていくだけのものである可能性もある
そして それが歴史の実相を隠蔽し両国の関係を阻害する因子になっている可能性はないのか?
現に「反日」でなければインテリではないという韓国の社会が次世代の意識下にかえって日本への不必要なコンプレックスを育ててしまうという心理学上の害悪を生み出してはいないか?
韓国人を友人として真剣に思いやる時わしはそのような憂慮を覚えるのだが…
わしは善人と思われる必要はない
ただ歴史の実相に迫りたいだけである!

わしは『新・ゴー宣』を描くようになって一番辛くて悔しいのはアダルトビデオを借りられないことだ

レンタルビデオ屋の店員に顔バレしてして
小林よしのりが「巨乳淫乱娘ぷるるん発情日記」を借りていったぜ
なんて言いふらされてスキャンダル雑誌に投稿されてはたまらない
あの小林よしのりが
○本誌特別取材班
●迷いに迷って十五分!

しかし今アダルトビデオ見放題の天国のような生活を満喫している若い衆よ!うらやましい
近未来 今の価値観ががらっと変わってしまうことだってあるぞ!

このままフェミニズム系の女たちが強くなっていったら
将来「女性蔑視玩具あつかい性奴隷映像の罪」という法律が作られアダルトビデオを製作した者はA級戦犯に問われる可能性がある

ビデオを販売並びに貸した者もB級戦犯で処刑だ

被害者としてアダルトビデオ女優が続々と訴える
男どもが騙して身体を弄び ビデオにして販売した
ボカシまではずしたものが出回って 永久に残ってしまう
現場で急に本番をやらされた
飯島愛みたいになれると騙して脱がした

2

女性侵略時代

◀アダルトビデオ
巨乳もの、人妻もの、
ロリコンもの、ＯＬもの、
女教師ものまであった

アダルトビデオ社会の登場

ビニ本(→P96)は１９８０年にブームをむかえましたが、それも３年ほどで終わりました。

ところが同じころ、家庭用ビデオデッキが急速に普及しはじめ、ビニ本メーカーはあいついでビデオによる女性の商品化に乗り出すようになりました。これは**アダルトビデオ**（ＡＶ）とよばれ、しばらくすると、安い値段で貸し出す店が大量にあらわれたため、性奴隷とされた女性のすがたを不特定多数の男性がながめてもてあそぶという社会が……るようになってしまいました。

◀日本政……
訴えて……
原告の……

これは、女性を性奴隷化していたＡＶ監督が、その当時語っていた言葉です。これを読んで、なぜこのような女性侵略がゆるされていたのかをみんなで話しあいましょう。

> オレは、わざと女の子にカメラを意識させて撮影するやり方を、よく使うよ。カメラ回しながら、その前で恥ずかしい言葉を無理やり言わせたり、パンティ脱がせたりする、女の子はその姿がテープに残るから、より一層恥ずかしいと感じる。その表情が好きですね。

わあ、これはひどい。

こんな目にあわされた女の人は、どんな気持ちだったでしょう。

アダルトビデオ女優は強制連行だった

●被害者の声……
真剣に耳を……

街で声をかけ、ちょっと話だけでもと誘い、モデルにならないかと甘言でだまし、将来は女優だとスタジオに連れて行き、ラブシーンを撮るふりしてうまくのせ、いつのまにか全裸にされ、中出しされて妊娠、中絶、親や兄弟にもバレて自殺未遂までした。

以来ＰＴＳＤにも悩……
このよう……

▶ＡＶ30万記念館

ＡＶ 被害者 300000

……宇宙企画……

ビデオ性奴隷への国の関与

女性を侵略、商品化するアダルトビデオの存在を国は合法として、黙認し続けた。それを形式的に正当化させるために作られたシステムが**ビデ倫制度**である。

アダルトビデオはビデオ倫理審査委員会（ビデ倫）が審査し、これに合格されたどんなに女性を虐げた映像であっても……流通することができた。

COLUMN

ビデオ性奴隷の数は３０万人と言われている

ビデオ性奴隷の実態は、まだ未解明な部分が多い。特に業者については、９０年代にインディーズと呼ばれる小規模の業者が乱立したため、その数の多さと入れ替わりの激しさによって、実態把握は著しく困難になった。

……で多かったことを考え、ビデオ性奴……

おじいちゃんも
「ビデオ性奴隷」を
見てたの？

う…うん
わしは巨乳もの
だけじゃが
その当時の
男はみんな…

野蛮人！
どすけべ男──っ
女の人を
そんなけがらわしい見方
してたなんて
世界の恥さらしだ〜〜〜〜っ

が──ん
たたたた

当時は
悪いことじゃ
なかったんだ
普通だったんだ──っ

わはははは…
価値観が
違うのに
裁くとは
そういうこと
である！

わしは裁かれない！
借りられない身分だから借りてないもん
ごーまんかましてよかですか？
わしは将来「女性のための性犯罪法廷」で証言する
うちのスタッフの男どもはみんな借りてました
よだれ垂らして見てました
翌日はそのビデオの噂で持ちきりでした
男どうしで百回抜きとか競争してました
この世のものとは思われないあさましい光景でわしは涙があふれ出るのをこらえることができませんでした
ビデオ女優のみなさん方がよがっていたのはただ苦痛で嫌がっていただけなのです

あの時代の男どもはみんな淫獣でした
女性のみなさん！
淫獣どもを全員国外退去にしてください！
穢れのない私一人が皆様方のお相手を務めます！

クマラスワミ報告書はどうつくられたのか

慰安婦問題はもはや日韓問題に留まらず、国際社会の対日観に関わる問題だ。今や日本は「性奴隷」制度を持っていた国という認識が国際社会に定着しつつあるのだ。

そしてその発端には「性奴隷」(sex slave) という言葉を発明し、国連で何年もロビー活動を繰り返し、その認識を定着させようと尽力した人物の存在がある。例によって、それは日本人だった。

弁護士・戸塚悦朗。この男さえいなければ、日本は「性奴隷」国家にされることはなかったかもしれない。

戸塚はスモン訴訟原告代理人などを経て１９８４年以降、国連人権ＮＧＯ代表として活動。国連には国家の代表しか参加できないようなイメージがあるが、国連人権委員会には、一定の条件を満たすＮＧＯ（非政府組織）が討議に参加できる制度があり、戸塚はその資格を有していた。

戸塚は、国から人権侵害を受けた個人が国連に直接通報できる仕組みに日本を加わらせるために、「日本に関する重大人権侵害問題を国連に提起し続ける」ことを自らの使命として、精神障害者の人権や過労死問題などを訴えていた。

そんな戸塚が90年代に慰安婦問題を国連に提起し始めるのだが、その背景には日教組出身の社会党参院議員・本岡昭次の存在があったらしい。

本岡は90年6月という極めて早い時期から慰安婦問題に関する国会質問を続けていたが、思うような成果は出せずにいた。

そこで「日本で問題にならないなら、ジュネーブの国連委員会に議論を持ち込もう」と、国連人権委で活動していた戸塚に白羽の矢を立てたという。

かくして1992年2月17日、宮澤首相の韓国での謝罪から1か月後、戸塚は国連人権委で、慰安婦を「人道の罪」として日本政府を追及するよう国連に求める発言を行い、ここで史上初めて慰安婦を「性奴隷」と表現した。

だが当初、戸塚の提言は国連でほとんど相手にされなかった。

戸塚は2005年までに少なくとも15回以上欧米などに渡航、国連人権委員会、その下にある小委員会、さらにその下にある作業部会、さらには国連以外の人権会議等々、戸塚本人の弁によれば「参加した関係国際会議を数えるだけでも気が遠くなるほどの数」という、ありとあらゆる会合で執拗に働きかけを続けた。

ここまでの執念を持って、自国を悪として糾弾するよう国際社会に働きかけ続ける人間など、他の国ではありえないだろう。

当時、旧ユーゴスラビアではセルビア人とクロアチア人の民族対立によるボスニア・ヘルツェゴビナ紛争の最中で、セルビア人によって「民族浄化」の名のもと虐殺や強制追放などの残虐行為が行われ、「第二次世界大戦後のヨーロッパにおける最悪の出来事」と言われていた。

特に注目を浴びたのが計画的・組織的な集団レイプ事件で、女性はさらわれて占領された街のホテルや病院に監禁され、セルビアの兵士によってまさしく「性奴隷」の扱いを受け、妊娠しない女は殺され、妊娠した女のみ生かされた。

セルビア人の子を産ませて民族の威厳や誇りを崩壊させ、セルビアに同化させる。それが集団レイプによる「民族浄化」だった。

聞いただけでもおぞましい話だが、なんと戸塚はこれに目をつけ、慰安婦問題をこの集団レイプと「抱き合わせ」にして、国連人権委員会に問題提起した！

すると、ボスニア・ヘルツェゴビナの問題が紛れもない「人道に対する罪」だったため国連における審議は異例の早さで進行し、そのついでに慰安婦も「性奴隷」であり「人道に対する罪」であることにされていった。

時折、慰安婦とは日本が韓国に対して「民族浄化」を図ったものだという妄想みたいな言説が出てくるが、それも戸塚が国連で最初に慰安婦をボスニア・ヘルツェゴビナの「民族浄化」と一緒くたにしたことから広まった話だ。

こうして戸塚の執念がついに功を奏し、国連で慰安婦が「性奴隷」として急速に審議されるようになってから日本政府はようやく反論を始めるが、対応は後手に回り、「論議はボスニア・ヘルツェゴビナなど現在の人権侵害に限定せよ」「東京地裁の慰安婦訴訟判決を待ちたい」「日韓条約で解決済み」「国連創立前の事件を取り上げる権限はないはず」といった守勢一方の論調に終始した。

不幸なことに、日本政府・外務省には戸塚ほどの執念で日本を守ろうとした者は一人もいなかったのだ。

1994年、ついに国連人権委は「女性に対する暴力に関する特別報告官」としてスリランカ人女性、ラディカ・クマラスワミを任命。クマラスワミは1995年7月、日本、北朝鮮、韓国へ調査に訪れ、日本では日本政府の責任を追及する吉見義明中央大教授と、政府の責任を否定する秦郁彦千葉大教授の両方から聞き取りをした。

そして1996年、「戦時の軍事的性奴隷制問題に関する報告書」、通称「クマラスワミ報告書」が提出された。何しろタイトルから「性奴隷」という言葉が使われている。このことについてクマラスワミは、「慰安婦」という語句は「日常的に度重なるレイプと身体的虐待」の苦しみを表しておらず、不適切だとする「現代奴隷制部会メンバー」と「NGO代表」、「一部の学者」の意見に「全面的に同意」したためと説明している。

ここでいう「NGO代表」とは、戸塚悦朗以外にはありえない。また「現代奴隷制部会」は、戸塚が足繁く通って自説を訴え続けた会議である。「学者」はおそらく日本で面談した吉見義明だろう。

ともかくこうして日本人自身の、それもほとんど戸塚悦朗というたったひとりの男の働きによって、ついに慰安婦は「性奴隷」として国連の公的文書に記載されてしまったのだ。

クマラスワミ報告書を、大学教授として学生レポートの採点をした経験のある秦郁彦は「欧米における一流大学の学生レポートなら、落第点をつけざるをえないレベルのお粗末な作品」と評した。

教官がレポートの採点をする際は、まず末尾の脚注を点検する。引用文献の数、参照した文献の質、必須文献で漏れたものはないか、本当に読んだのか疑わしいときは抜きとってチェックする、という手順を踏み、その段階で重大な手落ちが見つかれば、内容も読まずに「E」(落第点)をつける教授もいるそうだ。

クマラスワミ報告書の脚注に、事実関係に関わる部分の参考文献はたった一冊のみ。その唯一の参考文献は、ジョージ・ヒックスというオーストラリア人ジャーナリストの『The Comfort Women』だった。

タイトルの「Comfort Women」とは、「慰安婦」の直訳で、当時はこの語が「慰安婦」の訳語として広く使われていた。この本は『性の奴隷 従軍慰安婦』というタイトルで邦訳も出版されたが、誤訳が多いという。

著者のヒックスは、香港在住で元は経済学者だそうだが、歴史研究の訓練を一切受けていないのは明らかだ。何しろ、こんなことを平気で書いている。

「歴史資料によっては真相を知ることが期待できない一方で、1930~40年代の日本を支配した軍国主義政権が誘拐や奴隷狩りなどの残虐行為を実行した事実を疑う余地はない」

史料はないが疑う余地はないとは、マトモなジャーナリストの書くことではない。

ヒックスは日本語も韓国語もできず、一次史料のほとんどを読めない。そこで旧友である東大教授・高橋彰に在日韓国人女性リ・ユミを紹介してもらい、彼女が日本の活動家サークルから集めた資料を(たぶん英訳もして)送ってもらったそうで、そうして集めた情報がその本の80%を占めているとヒックスは書いている。

要するにヒックスの本の八割は日本の左翼活動家のプロパガンダの丸写しなのだ。しかもその活動家はあまり質がよくなかったようで、ヒックスに在日朝鮮人・金一勉の著書『天皇の軍隊と朝鮮人慰安婦』の情報を与えているが、これは吉見義明ら「謝罪派」ですら、専門家は誰も相手にしないほどレベルが低い本なのだ。

例えば金は「連れ出された朝鮮の婦女子の数は、推定17万~20万人」で、「日本の兵士29人に対して女子1人の割り当ての計画だった」と、ありえない数字を挙げている。

さすがにヒックスも「常識的に判断すれば、30対1という比率は現実的な数字とは思えない」「このようなことは現実に可能ではなく、報告されたこともない」と書いているが、それにもかかわらずヒックスはこの本を「重要な情報リスト」と高く評価して、大量に引用している。

要するにヒックスは最初からまともに資料を吟味するつもりなどさらさらなく、日本の左翼活動家から提供された資料をコピペし、女性の人権擁護を訴えるふりをしてポルノまがいの扇情的な本をでっち上げただけなのだろう。

クマラスワミも日本語も韓国語もできず、彼女が報告書を書いた当時、慰安婦に関する英文の本はこれしかなかった。それでクマラスワミはこんなデタラメな本をコピペし、その結果、日本の左翼活動家の資料がそのまま国連の報告書に載ることになったのだ。

なお１９９７年1月31日、慰安婦問題がテーマの『朝まで生テレビ！』でわしらに対して「これだけの狂信者の前で話せて光栄だなあ！」などと暴言を吐きまくったデーブ・スペクターが、「慰安婦問題はこれ一冊で決まりですよ！」と自信満々で示したのもこの本だった。

クマラスワミ報告書が強制連行に関する事実関係についてヒックスの本以外に依拠したのは、吉田清治証言と、元慰安婦の証言だけである。

クマラスワミが証言の聞き取りを行った元慰安婦は、ピョンヤンで４人、ソウルで11人、東京で在日１人の計16人で、報告書にはこのうち4例が引用されている。

しかしその証言は例によっておかしなものだらけだ。

特に凄いのは、北朝鮮の元慰安婦、チョン・オクスンの証言である。

その証言によると、チョンは13歳の時に一人の日本兵に拉致されてトラックで警察署に連行され、数人の警官に強姦され、そのとき警察署長に左目を殴られ失明したそうだ。

その後、日本軍兵舎に連れて行かれたが、そこには４００人くらいの若い朝鮮人女性が、５０００人を超える日本兵に性奴隷としてサービスを強要されていたそうだ。５０００人に対して４００人！　29人に１人どころではない。12・５人に１人!!

しかも、ここでは毎日、１人が40人に犯されていたのだそうだ。計算するのもバカバ

カしいが、この証言通りならここに駐留していたという５０００人の日本兵は、毎日毎日１人当たり３・2回の性交をしていたということになる。

それで、一緒にいた朝鮮人少女が、なぜ1日40人もの相手をしなければならないのかと苦情を言うと、中隊長ヤマモトがリンチを命じ、皆が見ている中、衣服をはぎ、手足を縛り、釘の出ている板の上に転がし、最後に首を切り落とし、そしてもう一人の日本人ヤマモトは、「朝鮮人の女たちが泣いているのは食べるものがないからだ。この人間の肉を煮て食べさせてやれ」と命じたんだという。

さらには、性病にかかった女性は陰部に熱い鉄の棒を突き刺されただの、逃亡に失敗した者は拷問を受け、唇の内側、胸、腹などに入れ墨をされただの…

こうして４００人の少女のうち半数以上が殺され、チョンは5年後に逃亡して生き延びたが、不妊と言語障害に苦しんだ……という。

クマラスワミ報告書はこの証言を何の検証もせず、完全に事実としての扱いで、２ページも使って長々と引用していた。

クマラスワミは、荒唐無稽としか言いようのない証言を無批判で引用したばかりではなく、こんな賛辞まで書いている。

「これが間違いなく彼女らの人生において最も屈辱的で苦しい時間を思い出すことになるにもかかわらず、勇気を持って証言をしてくれたすべての女性被害者に心から感謝したい」
「これらの証言により、特別報告者（クマラスワミ）はこのような軍隊性奴隷は日本帝国陸軍によりその指導者も承知のうえで組織的かつ強圧的に実行されたと信じるに至った」

前述のとおり、クマラスワミは東京で異なる見解を持つ秦郁彦、吉見義明の双方から聞き取りをしている。

秦からは「彼女たちの暮らし向きはよかった」とする数々の事例が記された、ビルマ・ミッチナでの連合国軍の調査報告書のコピーを渡されたが、クマラスワミは

それを完全に無視。
それればかりか、秦が連合国軍の報告書を示して「慰安婦の雇用関係は日本軍との間ではなく、業者（慰安所の経営者）との間で結ばれていた」と説明したにもかかわらず、報告書には秦が「慰安婦は日本軍と契約を交わした」と述べたと、正反対にねじ曲げて書くという悪質なことまでやった。
結論が「正義」だと信じ込み、途中がどんなにデタラメでも正当化されるとでも思ったのだろうか？
一方、吉見義明も報告書のあまりのひどさに、ヒックスの本と吉田証言に依拠した部分を削除するようにとクマラスワミへ書簡を送っている。
しかし、それでも吉見は、報告書自体は支持すると言っていた。ヒックスの本と吉田証言を削除したら、あとは例の慰安婦証言しか残らないのだが、吉見はあれに信憑性を認めるのだろうか？
学者なら報告書自体を否認しなければならないはずなのに、吉見はそれだけはせず、後には「報告書に問題がないわけではない」としながら「しかし報告書の勧告は立派である」と称賛している。吉見も結果を「正義」と信じたら途中はどうでもよく、学者の良心などとっくに捨てていたのだ。

クマラスワミ報告書が事実の根拠としたものは、吉見義明ですら削除を求めるヒックスの本と吉田証言、あとは荒唐無稽な慰安婦証言だけで、事実関係における信憑性はゼロである。
だが信憑性ゼロの「事実」に基づき、報告書は結論として以下の6項目を日本政府に勧告した。

1、第二次世界大戦中に日本帝国陸軍により開設された慰安所制度は国際法違反であることを認め、法的責任を受け入れるべきである。
2、軍隊性奴隷制の被害者個人に補償を支払うべきである。
3、すべての関連資料を公開すべきである。
4、女性被害者に書面で公式に謝罪を行なうべきである。
5、歴史的事実を教育課程に反映させ、問題理解を向上させるべきである。
6、慰安婦募集および慰安所開設に関与した者を特定し処罰すべきである。

勧告の中には、政府が「法的責任」を受け入れ、慰安婦募集および慰安所開設に関与した者を特定し処罰

すべきというものがあるが、これは時効なしの事後立法で裁くという、できるわけのないものだった。
　報告書および勧告は1996年4月10日のジュネーブにおける国連人権委員会で、その評価が討議されることになった。
　これに対して外務省は珍しく40ページに及ぶ詳細な反論文書を作成。クマラスワミ報告書の事実関係の記述は信憑性が疑われる吉田証言やヒックスの著作から都合のいい部分だけを使っており、しかも情報の裏付けをとった形跡がないこと、慰安婦の証言も確実なものではないこと、一方で米軍報告書のような、自己の主張に都合の悪い資料を隠していることなど、かなり的確な批判だった。
　そして反論書では、委員会がクマラスワミ報告書を「明確に拒否」するよう「強く希望する」と主張していた。日本政府が国連機関に提出された文書をここまで強く批判したのは、まったく異例のことだった。
　ところがこの文書はいったん提出されながら、すぐに撤回され、別の文書に差し替えられた。
　差し替えられた文書は分量もずっと少なく、報告書の批判はわずか半ページ、しかも事実関係の信憑性に関する批判はすべて消えていた。代わりに日本政府は「河野談話」などで対処してきたといったことが列挙され、最も肝心な、報告書を「拒否」せよという要求も消えていた。
　またもや日本政府は、してはならぬ譲歩をしてしまったらしい。
　なぜ日本政府は、一度提出した反論書をすぐ撤回してしまったのか、真相は明らかにされていないので推測するしかないが、大体察しはつく。
　国連人権委では毎回100以上の決議案が次々提出され、採択されていく。クマラスワミ報告もそのうちの一本であった。
　しかも実はクマラスワミ報告書の本文は「家庭内暴力」に関する報告と分析であり、日本の慰安婦に関する報告書は「付属文書1」として付け加えられたものだったのである。
　採択の際には、以下の四つのランクで評価が示される。

1「賞賛」(commend)
2「歓迎」(welcome)
3「評価しつつ留意」(take note with appreciation)

―4「留意」(take note)―

よっぽどひどければ採択されずに「否認」(reject)になるが、それは滅多にない。日本政府は当初、この「reject」を求めながら、撤回したのだ。

そしてクマラスワミ報告書は、最低ランクの「留意」の評価となった。否認はしないが積極的評価はできない。そういう報告があったと「聞き置く」という程度の意味である。

さすがに各国代表も、慰安婦に関する報告書のひどさは認識したのだろう。

だが一方で「家庭内暴力」に関する報告書本文の評価は高く、国連人権委としても、自分たちが任命したクマラスワミを過度に傷つけたくはなかった。そもそも国連人権委が委嘱して作らせた報告書を国連人権委が否認しては、国連のメンツにも関わる。

そんなわけで、評価を最低ランクの「留意」にとどめるから、日本政府は「否認」の要求を取り下げてくれないかという、裏取引が行われたのではないか。原則を曲げて、なあなあの「落とし所」で手を打とうというのが、「河野談話」の作成過程でも見られた日本政府おなじみの行動パターンだから、おそらくここでも似たようなことが行われたのだろう。

クマラスワミ報告書は国連人権委で「採択」はされたが、そもそも提出された報告書はほとんど採択されるもので、問題はその評価だった。そして同報告書は「留意」という最低評価で、報告書に書かれた6項目の勧告にも拘束力は生じなかった。

評価の決議文では、「家庭内暴力」に関する本文には「賞賛」という最高評価がつけられたのに、報告書全体に対しては「留意」という最低評価になっていることなどから、慰安婦問題に関する「付属文書」が全く評価されなかったと判断することはできる。

クマラスワミも、戸塚悦朗に利用されたばっかりに、本来なら高評価を得られたはずの仕事まで認められずじまいになったわけで、とんだ災難を被ったと言えよう。自業自得だが。

在ジュネーブ国連日本政府代表部は「わが国として、この決議に満足している。従軍慰安婦の文書が受け入れられなかったのは明らかだ」とコメントした。

だが、これにより「日本政府はクマラスワミ報告書の事実関係については一切争わなかった」という事例が残り、日本政府は国際社会に対して、クマラスワミ報告書に書かれたことは事実だと認めたも同然となってしまった。

日本政府代表部が「満足」したのは、やはり認識が甘かったというしかない。活動家たちは「留意」という評価の意味など完全に無視し、国連が「採択」したと「勝利宣言」し、国連に報告書が認められた以上は、日本政府は6項目の勧告に従えと迫り始めた。

こんな連中を相手に、実際の報告書の扱いがどうなっているかなんて細かい話をしたって通用するはずがない。やはり日本政府としては、この報告書は否認、不採択に追い込む以外なかったのだ。

1998年8月には国連人権小委員会「差別防止・少数者保護小委員会」の特別報告者であるアメリカの黒人女性弁護士、ゲイ・マクドゥーガルが書いた「マクドゥーガル報告書」が採択された。

その構造は「クマラスワミ報告書」と極めて似ており、報告書主文の主な対象は旧ユーゴスラビアの紛争とルワンダ虐殺であり、「付属文書」で日本の慰安婦について取り上げている。

報告書はクマラスワミ報告に輪をかけてデタラメなものになっており、慰安所を「強姦所」（レイプセンター rape center）と称し、日本政府と日本軍は20万以上のアジア女性を強制的に性奴隷にしたとしている。その多くが11歳から20歳で、毎日数回強制的にレイプされ、厳しい肉体的虐待にさらされ、性病をうつされ、生き延びたのは25％にすぎず、日本軍は慰安婦を確保するために身体的暴力、誘拐、強制、詐欺的手段を用いたという。

注目すべきは「強姦所」という用語で、こんなバカな語が出てきた史料など一例しか思いつかない。撫順戦犯管理書に拘禁されていた日本兵が書いた文書（104ページ参照）である。例によって、日本の活動家があの文書を持ち込んで「慰安所」を「強姦所」にしてしまったのだろうということは、容易に想像がつく。

さすがに吉見義明もマクドゥーガルが「政府調査に基づく」といいながら、実際には「総数20万人以上」「民族別で朝鮮人が多数」「生還が25％」「年齢が11歳から」という政府調査にはない記述をしており、これらには根拠となる資料がないと指摘。これはマクドゥーガル本人の面前で言ったが、無視されたという。

その一方で、戸塚悦朗はマクドゥーガル報告書について、「92年2月以来6年余のＮＧＯの国連活動の成果」と自著で礼賛している。

そしてさらに報告書の作成に際して、「筆者ら関係ＮＧＯは日本軍性奴隷にしぼって研究する決議原案を内々提案した」と自ら明かしている。そして、これに対して委員から「旧ユーゴなど組織的強姦も対象にしたい」との提案があったため、あの報告書の形になったという。

やはり、ここでも戸塚悦朗が暗躍していた。いや、もう「暗躍」ではない。堂々と活躍しているのだ。

そして、報告書は「歓迎」というランクで採択されてしまった。

日本政府は報告書を「マクドゥーガル女史の個人報告書にすぎない」として、その解釈と勧告を受け入れていない。

クマラスワミ報告書や、マクドゥーガル報告書といった文書の位置づけについては、「国連機関である人権委員会、あるいは人権小委員会が審議するための材料を提供するもので、国連の立場を示す文書ではない」という。

だが、本来の性格など関係なく、「国連のお墨付きを得た」として報告書は使われてきたし、今後も使われていくのだろう。

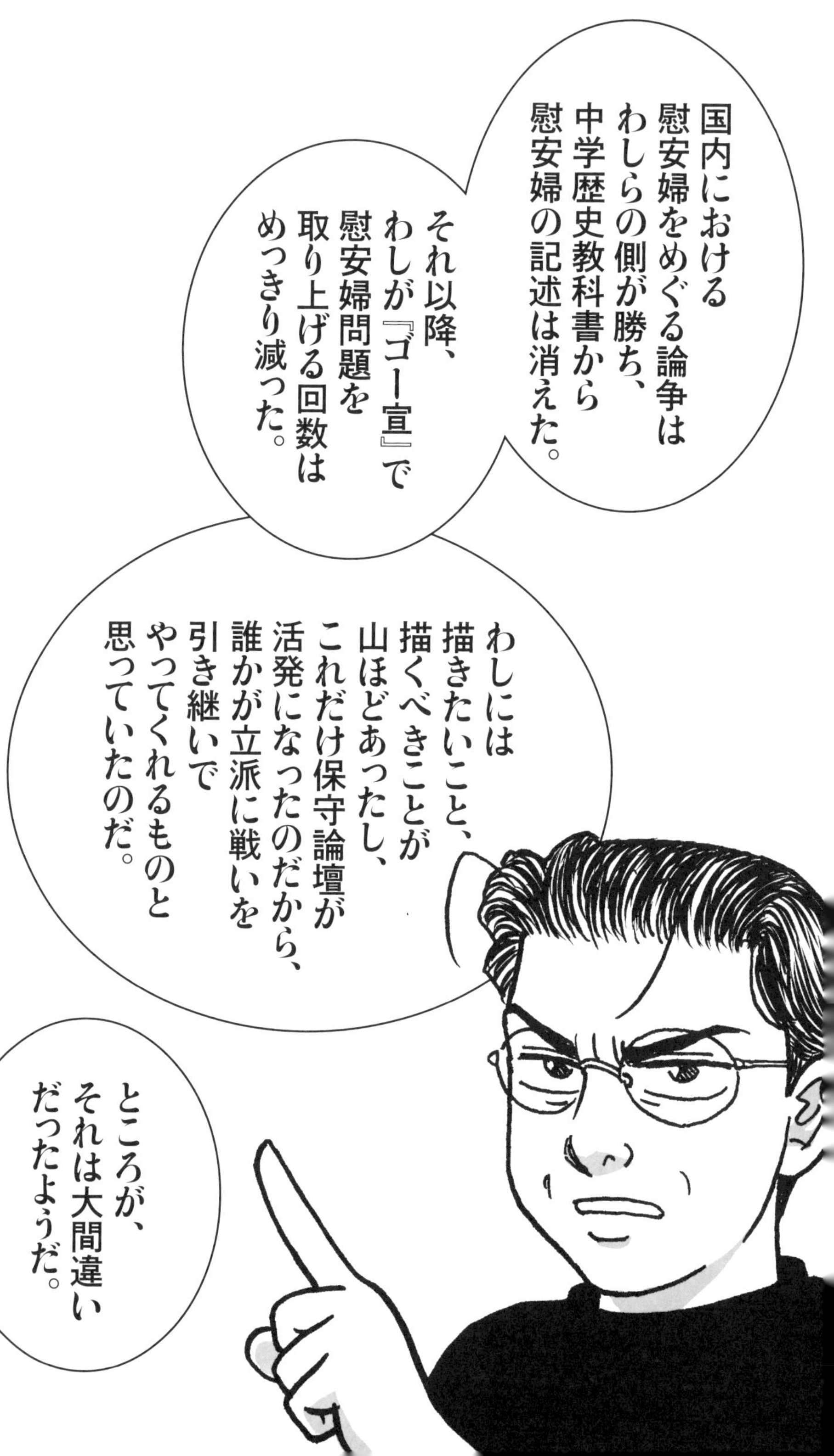
国内における
慰安婦をめぐる論争は
わしらの側が勝ち、
中学歴史教科書から
慰安婦の記述は消えた。
それ以降、
わしが『ゴー宣』で
慰安婦問題を
取り上げる回数は
めっきり減った。
わしには
描きたいこと、
描くべきことが
山ほどあったし、
これだけ保守論壇が
活発になったのだから、
誰かが立派に戦いを
引き継いで
やってくれるものと
思っていたのだ。
ところが、
それは大間違い
だったようだ。

第16章
慰安婦問題の歴史③
日本を「性奴隷国家」にした者たち

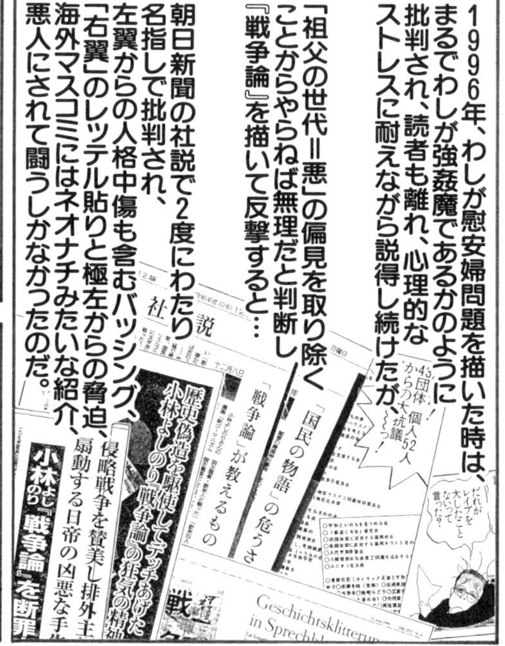

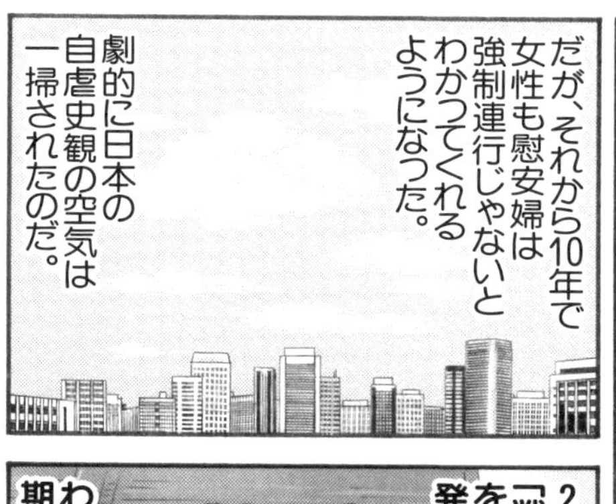

安倍政権
安倍政権

闘う政治家
わくわく
闘う政治家

村山談話（侵略史観）を踏襲する？

河野談話（慰安婦強制性）を踏襲する？

我が国はサンフランシスコ講和条約により東京裁判を受諾しており
国と国との関係において、この裁判に異議を述べる立場にはない？

なんじゃ、こりゃ――っ!!
闘う政治家と言ったくせに全然、闘わん！
クソサヨク政権やないか――っ！

安倍晋三は首相になった途端に歴史認識問題をベタ降り。
事態はみるみる悪化していった…

2006年9月、米下院で日本軍慰安婦を「性奴隷」として非難する決議案が提出された。
「慰安婦」きしむ日米
下院決議案 広がる賛同
首相の訪問控え危機感
提唱者のマイク・ホンダは中国系反日団体から突出した政治献金を受け、過去4回も同様の決議案を提出、すべて否決されていた。
しかし今回は民主党の「リベラル人権派」が議会を押さえたため採択される公算が高まり、公聴会が行われた。
公聴会で証言した「元慰安婦」はオランダ人1名、韓国人2名。

オランダ人女性は1944年インドネシア・スマランに抑留中、軍人らに強制連行され、慰安所で働くよう強要されたという。
「スマラン事件」（145ページ参照）の被害者だ。
一方、韓国人元慰安婦李容洙は公聴会でこんな証言をした。
16歳の時、川辺で30代の日本人に誘われた。
その時は走って逃げたが、数日後友人に誘われ、母に黙って抜け出した。
なんだこりゃ？ただの「家出」じゃないか。
そう言われたからか、公聴会のわずか一週間後、マスコミにはこう言った。
ところがアメリカではこんな「証言」をもとに、「知日派」とされる者までが…
問題は慰安婦たちが悲惨な目にあったということだ！
河野談話を修正すれば破壊的な結果が起きる！
14歳で日本兵に首をつかまれ、家から引きずり出された!!
年齢も状況も豹変だ。
ちなみにこの人は15年前、初めて証言した時はこう言っている。
国民服と戦闘帽の男から赤いワンピースと革靴をもらい、嬉しかった。即座についていった。
やっぱり家出じゃないか。

米下院決議案は「日本帝国軍隊が
第二次大戦期に若い女性たちを
慰安婦として強制的に性奴隷化した」
と決め付け、
これが「20世紀最大の人身売買」で、
「集団暴行、強制中絶、殺害、手足切断」
などの蛮行を犯したと断じている。
要するに、欧米が19世紀まで行っていた
奴隷制に匹敵するが、それ以上のことを
20世紀にやらかしたと糾弾する、
史上最大の冤罪事件なのである！
安倍首相は当初
「狭義の強制は
なかった」
と言ったが、
こんな言葉が
理解されるわけが
ない。
「狭義の強制」「広義の強制」
なんて用語は、慰安婦の
強制連行がなかったと
実証された後で、
左翼が議論をわざと
ややこしくして
煙に巻くために作った、
国内向けの
トリック・ワードなんだから。
狭義
広義

安倍首相の
「狭義の強制はなかった」
という発言は、
「安倍首相が、慰安婦の
（一切の）強制性を否定し、
河野談話の修正を
企図している」として
AP電とニューヨーク・
タイムズで報じられた。
The New York Times
AP

それ以降米国内の事態は一変。
安倍首相を慰安婦問題の
「否定者」として糾弾する
米マスコミの論調は
想像を絶して
すさまじいものがあり、
日本語訳では表現できない、
肌で感ずる不気味な「日本否定論」が
突如として噴出したと、元外交官の
東郷和彦は記している。
（世界2012年12月号）

この事態を前に
安倍首相は早々と
闘いを放棄、
「河野談話の
継承」を繰り返し、
慰安婦を「性奴隷」として
非難する決議案を黙認してしまった。
SEX
SLAVE!
だがしかし、河野談話にすら
「性奴隷」なんて言葉はない。
「性奴隷」という非難を
黙認するのは、
河野談話の踏襲ではなく、
逸脱である!
河野談話に「安倍解釈」として、
「慰安婦とは、性奴隷だった」
という認識を追加したことに
なるのだ!!
SEX SLAVE
安倍晋三は
河野洋平に輪をかけた国賊となった。

笑ってごまかす麻生外相…
マスコミが
煽ってるだけ
でしょ?
げははは
ははは…
平謝りの
加藤駐米大使…
政府はもう
謝罪しました。
民間基金で
償いもしたし、
教育もしてます。

「下院決議なんか
重要じゃない」と
逃げを決め込む
親米派の連中…
今さら反論しても
騒ぎを大きくするだけだ。
米国議会の決議案なんて
年間100本以上
採択される。
法的拘束力もない
単なる議員の意見表明
みたいなものだから、
黙殺しとけ、と。

中国・韓国・北朝鮮
には威勢がよくても
アメリカに言われたら
何も言い返せない。
「日米同盟が大事だから、
国の名誉はかなぐり捨てろ!」
…というわけだ。

そして2007年4月27日、
訪米した安倍首相と
ブッシュ大統領の
共同記者会見の段階で、
安倍首相は
慰安婦問題で謝罪した。

自分は、辛酸をなめられた
元慰安婦の方々に、
人間として、また総理として
心から同情するとともに、
そうした極めて苦しい状況に
おかれたことについて
申し訳ないという気持ちで
いっぱいである。
20世紀は人権侵害の
多かった世紀であり、
21世紀が人権侵害のない
素晴らしい世紀になるよう、
日本としても貢献したいと
考えている、と(議会で)
述べた。
またこのような話を本日、
ブッシュ大統領にも話した。

これに続けてブッシュの
発言はこうだ。
私は安倍総理の
謝罪を
受け入れる。
自分は、河野談話と
安倍総理の
数々の演説は
非常に率直で、
誠意があったと思う。

こうして
アメリカ人に
とって、安倍首相は、
慰安婦問題で
「謝罪」した人になった。

その原因とは2007年6月14日のワシントン・ポストに載った**「強制連行はなかった」**という一面意見広告である。

これはすぎやまこういち、屋山太郎、櫻井よしこ、花岡信昭、西村幸祐の5人が出したもので、国会議員44名、有識者13名が賛同者として名を連ねていた。

THE FACTS

FACT 2

FACT 3

FACT 5

左翼は「従軍慰安婦問題」をでっちあげる際、最初は最もインパクトの強い吉田清治証言を使って「奴隷狩り的強制連行」のイメージを流布した。

そして、それがウソだとばれ始めると「強制連行の有無は問題ではなく『広義の強制』があった」と話をすり替え、そしてさらには、「女性の人権侵害」に話をすり替えた。

左翼たちは海外でも全く同じことをやり、とっくに「強制連行の有無は問題ではない」ということにしてしまっていた。

それを右派論客は全く自覚しておらず、「強制連行はなかった」とさえ言えばいいと思っていたのだ！

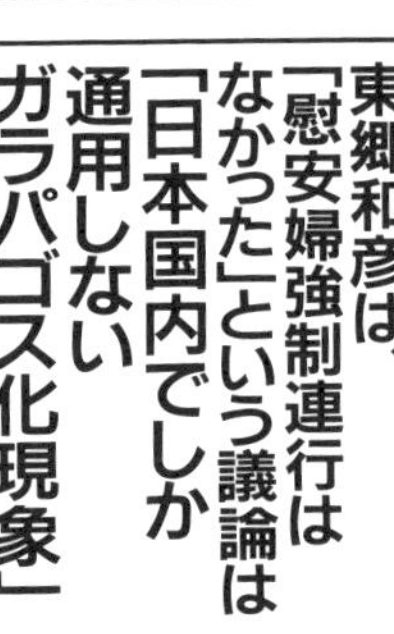

東郷和彦は、「慰安婦強制連行はなかった」という議論は「日本国内でしか通用しないガラパゴス化現象」とまで言い、

国際的には通用しないと指摘している。

ごーまんかましてよかですか？

安倍首相も、これを支持する右派も、国内でだけ威勢のいい「内弁慶」で、海外に向けて闘う度胸も戦略もなかった。

左翼の方が一枚も二枚も上手だったのである。

左翼プロパガンダ映画『主戦場』の罠に嵌る右派論客（By時浦兼）

日系アメリカ人が監督した慰安婦問題に関するドキュメンタリー映画『主戦場』が２０１９年、一部で話題になっているというので見てきたが、ドキュメンタリーの名には全く値しない左翼プロパガンダ映画だった。

その手口は呆れるほど単純。

まず右派の論客が慰安婦問題について、日本の責任がない旨の発言をする様子を映し、次に左派がそれに反論する様子を映す。

どう聞いても右派の意見が正しく、左派の反論の方がおかしいのに、左派に対する右派の再反論は映さず、左派の主張が結論であるかのように編集する。たったこれだけ。

例えば、米軍が作成したビルマの慰安所の資料（１５２ページ参照）に、慰安婦が好待遇だった事実が書かれていることを右派が指摘。

すると次に、左派の学者吉見義明が映り、「この資料は、それくらいの待遇をしなければ耐えられないくらい過酷な状況に置かれていたということを示しているのです」という、無茶苦茶な反論をする。

ところが、吉見の発言が結論で、これで論破したかのようにして、次の論点に移っていくのだ！

また、右派が１９６５年の日韓基本条約で解決済みというと、次に韓国人の論客が「日韓基本条約は１９６５年だが、慰安婦問題が浮上したのは１９９０年代だから、日韓基本条約の対象外」だの、「日韓基本条約は冷戦下でアメリカの要請によって結ばされたものだが、冷戦の終結で国際事情は変わった」だの、そんなことを言い出したら国際条約が無意味になってしまうことを平然と言う。ところが、韓国人の言い分が結論であるかのように編集されるのだ！

最近ＮＨＫニュースで国会論戦を報じる時は、必ず野党側の発言を先に流し、安倍首相の発言を最後に流して、安倍が野党を論破したかのように見える作りになっているが、それと全く同じ手口で、ただ編集で印象操作しているだけ。確かにこれは取材を受けた右派論客が言っているように、「騙し討ち」のようなものである。

もっとも、こんな幼稚なプロパガンダ映画を評価する人など、考える能力ゼロでイデオロギーに染まり切った左翼だけだろう。

映画は終盤ほとんど妄想の陰謀論状態に突入して、日本会議がとてつもなく恐ろしく影響力のある団体で、これが他の保守系団体と共に安倍政権に食い込み、日本を戦前のような天皇を神と仰ぎ、女性の人権を認めない、戦争の出来る国に変えようとしているなどと主張する有様で、

「日本会議は、恐ろしい団体なんです。日本会議と安倍政権に反対している私は、いつ事故で死んでもおかしくないから覚悟しておくようにと、妻に言っています」

と声を震わして言っていた小林節（慶應義塾大学名誉教授）の姿などは爆笑ものであり、この人、どうしちゃったんだろうと思ってしまった。

とはいえ、右派論客側の脇が非常に甘かったのは事実である。

杉田水脈（衆院議員）など、慰安婦像が置かれた米グレンデール市で日本人の子供がイジメにあったというデマを信じていたことを突っ込まれていたし、「日本人は中国・韓国人とは違って、嘘をついてはいけないと教えられて育つ」なんて差別発言をする者もいたし、加瀬英明（外交評論家）に至っては、自分が慰安婦問題については一番詳しいと豪語しながら、「吉見義明さんの説をどう思いますか？」と聞かれて、「吉見義明？　誰ですか？　知りません。私は人の本は読まないので」という始末だった。

おそらく映画の制作者も、最初からボロを出しそうな人や、見た目におかしそうな人を選んで取材したのだろう。だから小林よしのりや秦郁彦には取材しなかったのだ。

それにしても、左翼の味方をしてるんじゃないかと思ってしまうほどの右派論客の稚拙さは、本当に始末に負えない。

性の感覚やタブーは国や状況によって様々で、国際的な統一ルールはない。
キリスト教は「姦淫してはならない」と戒めており、当然売春も禁止してはいるが、本来キリスト教には「禁止」と「寛容」の両面があり、キリスト教文化圏でありながら、ヨーロッパでは売春を公認もしくは黙認している国が多い。
ところがこれが、アメリカに入ると一変する。「アメリカ流キリスト教」は、売春に対しては徹底的に不寛容なのだ。
さらにアメリカでは、政敵を駆逐する際には、その人が女性を軽視していると吹聴すればよい。敵国家を冒瀆する際には、その国家が女性の地位を蔑ろにしていると宣伝すればよいという観念がある。
アメリカが慰安婦を「性奴隷」として、旧日本軍が女性の人権を侵害したとしたがるのには、それが過去の日本を「悪」にしておくために最も効果的だと思い込んでいるからという理由もある。

慰安婦
第17章
20世紀の女性の
人権侵害は
「性奴隷」である

羽田空港の
国際線ターミナルで
やっている花魁道中ショーを
ニュースが
流れていた。
日光江戸村でも、
観光客のために
花魁道中を
やっているらしい。

花魁道中は誰もが
日本文化のひとつの華の
ように思い込んでいて、
外国人にも誇りを持って
見せることができると
信じている。

だが、花魁は
吉原遊郭の高級遊女で
あることを知ったら、
外国人はどう思う
だろう?

遊女屋にいる花魁が、
引手茶屋から呼び出しを受けて、
客に会いに行くときに、
禿や振袖新造を従えて
練り歩く、
これが花魁道中である。

吉原の遊女たちは
女衒によって、表向きは
「年季奉公」として、
前借金渡しで
集められるが、
実態は人身売買である。

少なくとも、キリスト教文化圏からは
人身売買と見られるのであり、
NHKの昔の連続ドラマ
『おしん』ですら、前借金で
売られた少女だから
奴隷と見られる恐れがある。

「年季奉公」は児童や女性に
対する「人権侵害」で、
「奴隷制」と見られるのだ。
「年季奉公」の英語は
「indentured servitude」で、
「年季奴隷制」という意味になる。
雇用形態としては、
先進国では禁止されているのだ。

一見、華やかな花魁の陰では、親に売られ、娼婦になることも覚悟して、家族のために家を出たけなげな娘もいただろう。
きれいなべべ着て、お腹いっぱいご飯が食べられる。
泣かんでけろ〜〜っ。

だが、まったく知らず連れて来られて、男に抱かれる恐怖を味わい…

絶望のうちに毎夜身体を売る苦痛に悩まされた女性もいたのだ。

吉原遊郭の花魁だった森光子という女性は、死んだ父が残した借金のために、仕事の実態を知らぬまま吉原に売られ、春駒という娼妓となる。
そこでの暮らしは**「生き地獄だった」**と『春駒日記』に書いている。
春駒日記

よほど上妓でない限り、一日平均5人の客を取る娼妓は、過労や妊娠に悩んだり、過酷な折檻を受けたりした。
そして梅毒にかかると、治療法はなく、脳や神経を侵されて十年がかりで死んでいく境遇だった。

だが一方で、幕末の頃、
来日した外国人たちは、
長崎丸山遊郭における
娼妓としての役目を
終えた女性たちが、
ごく普通の結婚をしたり、
売春していた過去を
後ろめたく思わないことに
驚いたという。

日本人の性意識は
キリスト教の倫理観が
入ってくるまでは、
開放的で、貞操観念が緩く、
娼婦といえども、
差別する感覚が、
西洋人ほどにはない。

旧日本軍の慰安所で働く
慰安婦でも、貧困ゆえの
宿命と諦めて勤め、
大金を稼いで、親に仕送り
できると合理的に割り切る
女性もいただろう。
兵隊とレクリエーションを
楽しんだり、
兵隊と恋愛して
結婚した者もいたようだ。

キリスト教では
売春は罪悪だろうが、
日本人にとっては
身体を売る女性に対しての
差別心がそれほど強くない。
だから今でも
日本では風俗産業が
多種多様であり、
「売春」と「風俗」の境目が
わからないくらいだ。
キャバクラ
出会い喫茶
JKお散歩
援助交際
テレクラ
ピンク映画
ストリップ
AV
ホストクラブ
性感エステ
デリヘル
SMクラブ
ソープランド
ヘルス

日本人はAVで働く女性もタレントとして人気が出るし、ソープ嬢との本気の恋愛も成り立つし、外国よりは平等な国柄だ。

この日本の性風俗に対するおおらかさは、今でも西洋人には理解できないだろう。

だから橋下徹市長(当時)が、公人の立場にも拘らず、沖縄の米兵は風俗を利用すればいいなどと言うと、「女性の人権」を無視したとんでもない発言だと、世界中から非難されることになる。

「性奴隷を利用しろ」と言ったも同然なのだ。

日本の政治家は、昔ながらの男尊女卑と、倫理的に緩い性意識で、「性欲処理は買春で済ませ」と簡単に発言する危険性があるから、国際的には恥ずかしい人種が多い。

日本人男性が普通に享受している「性風俗」も、グローバル・スタンダードでは「女性の人権」を無視していると取られかねない。

東京都議会の女性議員蔑視ヤジも、アメリカなら議員辞職だ。

日本人男性の頭の中は、タリバンやイスラム国の男たちに近い。

「女性の人権」が、キリスト教的倫理観から来る「建て前」に過ぎなくても、その「建て前」が西洋人の世界では厳格になっている。

1872年（明治5）7月、
横浜港に停泊中の
ペルー船籍のマリア・ルース号
から1人の清国人が
海に逃亡し、
イギリス軍艦が救助した。

この逃亡者がきっかけで、
マリア・ルース号には
231名の清国人の
苦力（クーリー）が乗っており、
イギリス在日公使は
これを「奴隷船」と認識し、
日本政府に救助を
要請した。

副島種臣（そえじまたねおみ）外務卿は
人道主義と
日本の主権を主張し、
清国人全員を
救出した。

マリア・ルース号の船長は
訴追され、日本初の
国際裁判が行われ、
裁判所は苦力を
「奴隷契約」であると
認定した。

このとき、マリア・ルース号の船長側の
弁護人は、こう主張した。
日本が奴隷契約が
無効であるというなら、
日本において
最も酷い奴隷契約が
有効に認められて、
悲惨な生活をなしつつ
あるではないか。
それは遊女の
約定である！

このときから売春婦・慰安婦は
「性奴隷」という西洋の認識と、
性風俗も文化である
という日本の認識の
衝突が始まっている。

日本国内で娼妓という
「人身売買」が公然と
行われており、
奴隷売買を非難する
資格はないとの批判を
考慮して、日本は、
ついに公娼制度を
廃止せざるを得なくなり、
同年10月には
「芸娼妓解放令」が
出されるのだ。

この「芸娼妓解放令」は
「牛馬解き放ち令」とも言われ、
司法省達には、
「娼妓芸妓は牛馬と同じ。
牛馬に借金の返済を
迫る理由はない」
と書いてあった。
司法省

このときの司法卿は
日本における近代刑法の
始祖・江藤新平である。
江藤は法律における
基本的人権と
男女平等を
すでに理解していた。

江戸時代の幕府役人が
娼妓を牛馬並みに、
1頭2頭と数えていたから、
江藤はこれを逆手にとって、
人ヨリ牛馬ニ物ノ返済ヲ求ムルノ理ナシ故ニ従来　同上ノ娼妓芸妓ヘ借ス所ノ金銀並ニ売掛滞金等ハ一切債ルヘカラサル事
として娼妓の借金を帳消しにして解放しようとしたのだ。
ところが「芸娼妓解放令」でも、本人の意思に基づく売春行為は認めたため、「公娼制度は「貸座敷」として復活してしまうことになる。

昭和恐慌では東北を中心に農村は壊滅的に困窮し娘を女衒に売る農家が続出。
娘身賣の場合は

この状況が背景にあり、政治の退廃を怒った青年将校らが起こしたのが二・二六事件であることはよく知られている。

慰安婦を「性奴隷」とする西洋の価値観との衝突は、1872年(明治5)のマリア・ルース号事件から始まっていた。
これは重要である。

さて、2014年(平成26)9月、朝日新聞が慰安婦問題でついに
「吉田清治の強制連行証言は虚偽だと認め撤回」し、
「挺身隊と慰安婦の混同も認め訂正」したわけである。
読者の疑問に答えます
強制連行
慰安婦問題 どう伝えたか
「軍関与示す資料」
「挺身隊」との混同
「元慰安婦 初の証言」

わしはついに冤罪が晴れたような感覚ですっきり!

1996年に慰安婦問題を描き始めた頃は、「レイプ魔の味方」と言われ、「セカンド・レイプ」と非難され、散々だった。

慰安婦の記述が中学の教科書に載せられると聞いて、「新しい歴史教科書をつくる会」の立ち上げに参加したが、記者会見では、マスコミ関係者から、罵声・怒号の嵐!
翌日、記事にしたのは産経新聞のみ。
朝日・毎日はベタ記事。読売新聞には載ってなかった。
マスコミはどこも冷ややかに無視だったのだ。

東大の、ある講座にゲストで出たら、最前列の席を極左学生が占めていて、ずっとにらみつけていた。
「つくる会」の事務所に放火した奴もいて、西尾幹二は変装して外出していた。
当時は極左からの暴力も覚悟せねばならない日々だったのだ。
「つくる会」事務所放火
ゲリラ犯行の可能性

朝日新聞は、福岡の市民団体がわしに抗議したら記事にして、左翼運動家との裁判闘争にわしが負けたときは大きな記事にした。
ところがわしが勝訴したら、目立たぬベタ記事だった。
漫画と活字 壁崩す一歩
「批評」で議論深く
「便乗本あふれる」
論説が「主」
「ゴー宣」引用は適法
上・中/1999年9月1日 下/2000年4月25日夕刊
『戦争論』がヒットしたら、朝日新聞は二度もわしの名前を社説に出して批判した。
戦争論
小林よしのり
社説
「国民の物語」の危うさ
「戦争論」が教えるもの
右/1998年8月16日 左/1998年12月8日
それでも朝日新聞が慰安婦問題で訂正記事を載せたら、冤罪を被せた犯人が犯行を自白したみたいで、よく白状してくれたと気が晴れた。
わしは無実だーーっ！
わしは女性に優しいぞーーっ！
レイプ魔の味方じゃなかっただろーーっ！
わしは今さら朝日新聞に憎しみなど起こらず、当時何のリスクも取らなかった連中が一斉に朝日新聞バッシングを始めた様子の方に、嫌悪感を覚えるのみ。
週刊文春
私の結論
朝日新聞と従軍慰安婦
朝日新聞不買運動
かつて、わしや「つくる会」を皮肉を込めて、意地悪くしか報道しなかったマスコミが、一斉に右向け右とは！
戦前は右向け右！
戦後は左向け左！
今は右向け右！
ザッザッ
ザッ
ザッ
ザッ
ザザーッ

朝日新聞が「訂正」したら、
「謝罪」がないと言い、
「謝罪」したら
「反省」がないと言い、
まるで日本に
反省と謝罪を求め続ける
韓国・中国人と似た執拗さだ。
朝
渋谷を通り掛かったら、白い街宣車で、朝日新聞の不買運動をしていて、廃刊しろと言ってる連中がいる。
「運動」が好きな連中だなあ。
「売国奴」と認定したら、どこまでも追い詰めて破滅させたいと思うほど憎悪するのだろうな。

近頃の嫌韓・反中ブームに通じる
「憎悪のナショナリズム」である。
韓国人でも、中国人でも、日本人でも、アイデンティティーが揺らいでいる人間は「憎悪のナショナリズム」に嵌まってしまう。
排外の会
出ていけ
笑えるほどたちが悪い韓国の話
竹田恒泰
大嫌韓時代
呆韓論
韓国よ、いい加減にしろ!
戦時中にも、「売国奴」と認定して、憎悪するナショナリズムは流行した。

人の悪口を言い合えば
仲間になれるように、
人や他国を憎悪すれば
連帯感が強化され、
快感に繋がる。
弱い者たちは
共に憎むことが
好きなのだ。
もはや愛国心などと
いうものではなく、
憎悪そのものが
快感なのだ。

「憎悪のナショナリズム」の
人々は、声をそろえて
こう主張していた。
朝日新聞がついに
吉田証言を
虚偽だと認めた！
慰安婦狩りなど
なかった！
「強制連行」は
なかった！
この件を海外に
発信すれば、
「性奴隷」という誤解は
解けるのだ！
朝日廃刊
河野談話見直せ
性奴隷はウソ
強制連行なかった
朝日新聞を
廃刊に
追い込め！
河野洋平を
国会招致して
吊るし上げろ！
河野談話を
見直せ！
新談話を
出せ！

だがもはや国際社会では
そんな単純な話では
なくなっていた。
海外に知れ渡った
慰安婦問題は
「強制連行」など
関係なくなっていたのだ。

慰安婦の存在そのものが、
マリア・ルース号事件の頃の
「芸娼妓」に対する西洋人の
反応と同じ、
「性奴隷」なのである。
人狩り、人さらいという
集め方でなくても、
「前借金」で女衒に
売られた娘を
売春婦にするという
行為は、「女性の人権」を
無視している。
女性を牛馬並みに
扱っていると、
海外では見られている。

「強制連行」を打ち消しても、軍が関与する慰安所に兵隊たちがズラッと並んで待っている。
お金を払っているから商行為だと、日本国内で主張するのはいいが、世界の女性たちが許してくれない。

慰安婦という「女性の人権侵害」が軍隊と結びついている分、世界の女性たちが嫌悪感をより強く持つのだから、「他の国もやっていた」などと、弁解しても、さらに反発を招く。

外務省は、そのことがわかっているはずであり、内閣に進言しているだろうから、安倍首相が「河野談話」を見直すことはあるまい。

その上、安倍政権は、女性大臣を増やし、「女性活躍担当相」などという奇妙な名の大臣職まで作って、女性の人気取りをしている。
まるで小学生が付けたような「活躍大臣」というネーミングが馬鹿くさい。
活躍足りませんことよ――っ!
活躍しましょ――っ!
活躍大臣に続け――っ!

2014年9月13日、安倍首相は、女性が活躍する社会の実現に向けて議論する国際会議でスピーチし、**「21世紀こそ、女性に対する人権侵害のない世界にしていく」**と強調し、国連の女性政策を担う「UN Women」の日本事務所を2015年、東京に開設すると発表し、国連と連携して女性の権利保護に力を尽くす考えを示した。

「20世紀は女性の人権侵害の世紀」
この発言を今も安倍首相が多用しているということは、もう「河野談話」を見直すとか、破棄するとか、そういう意思はないということだ。
20世紀は女性の人権侵害の世紀
20世紀は女性の人権侵害の世紀
人権侵害の世紀
20世紀は女性の人権侵害の世紀
性奴隷
性奴隷
性奴隷
性奴隷
安倍首相は「河野談話」を守る！
河野談話見直せー！
破棄しろー!!!
ここまで「女性の人権」におべっか使ってる安倍首相が慰安婦問題で国際社会と戦えるはずがない！

慰安婦は貧困ゆえの不幸である。
娘が身売りしなければ、弟や妹が餓死するしかないくらいの貧困だ。

親にとってみれば、子供たちを餓死させたくない！
病気の子のクスリを買ってあげたい！
そういうギリギリの選択で娘を女衒に渡すのだ。

だが娘は、まさかこんな地獄だとは思いもしなかった！

「公娼制度」は、娘を
犠牲にする面はあるが、
家族の貧困の救いであり、
プロの娼婦にとっては
大金を稼ぐシステム
でもあり、
「公娼制度」からだって
日本文化は発生した。
そして身受けされて
幸福になった女性もいた。
それは
キリスト教文化圏のように
売春を罪悪として
差別する感覚が、
日本人にはないからである。
だが、キリスト教文化が、
グローバル・スタンダードに
なっている世界では、
上のような日本的価値観が
なかなか理解されない。
ごーまんかまして
よかですか?
グローバリズムを
受容する者たちが
慰安婦「性奴隷」の
価値観に抗うことが
そもそもおかしい!
親米ホシュ派は、
「20世紀は女性の
人権侵害の歴史」と
言ってりゃいいのである!
女性の人権侵害
=
性奴隷

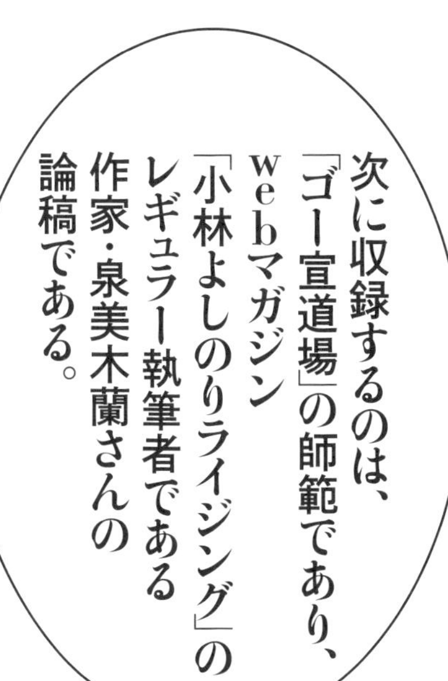
次に収録するのは、
「ゴー宣道場」の師範であり、
webマガジン
「小林よしのりライジング」の
レギュラー執筆者である
作家・泉美木蘭さんの
論稿である。

現実もろくに
知らないくせに
人権イデオロギーで
世の中や人間のことを
わかったつもりになって
上から目線で語っている
者たちは、
この実体験に基づく
圧倒的なリアリティーに
対して何か反論が
できるのだろうか?

風俗で働く女性は〝搾取〟されているのか？

泉美木蘭

あいちトリエンナーレの『表現の不自由展・その後』が大炎上して以来、慰安婦像に過剰に肩入れする人々の声がよく聞こえるようになった。「女性の人権」という言葉を振りかざして過去の時代の人々を「許せない！」と糾弾する姿は、「あとから生まれた最新の現代人の自分が一番正しいんだ！」と言っているような厚かましさを感じて、恥ずかしくなってしまう。
そんな中、最近、慰安婦問題と日本の現代の性産業とを結びつけて、「性産業は女性差別だ」と糾弾する意見を直接聞かされる機会があったので、私なりに思うことを書いておきたい。

「身売り」か「間引き」か

その女性は、「自分はリベラル」という意識を持っていて、「ジェンダー平等」「LGBT差別解消」「性暴力、DV被害者への支援」などに強い意識がある人だった。声高にガンガン自分の意見を押し通すタイプではなく、自分の意見はきちんと言うけれども、人の意見も相槌を打ちながら聞くし、男性からも女性からも好かれやすい雰囲気を持った人柄だと思う。

なごやかに会話をしていて、流れで慰安婦像の話題になると、彼女は過去の貧しい時代に身売りされた女性たちに対して強く心を寄せる様子だった。

「売られた女性たちは、本当に耐えがたい苦痛を経験したと思いますよ」

「そうですね。あの時代の話を聞くと、つらい境遇だったろうなと想像しますよね」

「簡単には傷は癒えないと思います」

ここまでは共感しあえる。ところがその先、彼女から飛び出したのは「**人権感覚**」という言葉だった。当時、娘を売った親や、買った男たちを「**人権感覚がない**」「**ひどい話だ**」とし、「**許されない**」と言うのだ。

もちろんだが、食うや食わずの極貧状態が日常だった時代の人々に向かって、「女の子を女衒に売り飛ばすなんて人権感覚が欠如しています！」と説教したところでなんの意味もない。ほかに生きていく手段がないのだから。

たとえば、民俗学者・柳田國男（明治8年〜昭和37年）が自身の人生を振り返った**『故郷七十年』**という随筆には、身売り以外の手段が書かれている。柳田が13歳の頃、茨城県布川の長兄の元に身を寄せて暮らしていた頃の記述だ。

布川の町に行ってもう一つ驚いたことは、どの家もツワイ・キンダー・システム（二児制）で、一軒の家には男児と女児、もしくは女児と男児の二人ずつしかいないということであった。私が「兄弟八人だ」というと、「どうするつもりだ」と町の人々が目を丸くするほどで、このシステムを採らざるをえなかった事情は、子供心ながら私にも理解できたのである。

あの地方はひどい饑饉に襲われた所である。食糧が欠乏した場合の調整は、死以外にない。日本の人口を溯って考えると、西南戦争の頃までは凡そ三千万人を保って来たのであるが、これはいま行われているような人工妊娠中絶の方式ではなく、もっと露骨な方式が採られて来たわけである。

《中略》

約二年間を過した利根川べりの生活で、私の印象に最も強く残っているのは、あの河畔に地蔵堂があり、誰が奉納したものであろうか、堂の正面右手に一枚の彩色された絵馬が掛けてあったことである。

その図柄は、産褥の女が鉢巻を締めて生まれたばかりの嬰児を抑えつけているという悲惨なものであった。障子にその女の影絵が映り、それには角が生えている。その傍に地蔵様が立って泣いているというその意味を、私は子供心に理解し、寒いような心になったことを今も憶えている。

茨城県利根町布川の徳満寺に残されている「間引き絵馬」

――（柳田國男『故郷七十年』より）――

柳田は優秀な家系で、父親は医者だった。身を寄せていた布川の長兄も医者だ。だから「兄弟八人」が成立したものの、一般的な家にとっては、食糧が欠乏した場合の調整は、「死」以外になかった。それは、母親が産んだばかりの赤ん坊を殺すということだった。

ほかに、子宮収縮作用のあるホオズキの根を煎じて飲んだり、水銀と米粉をまぜた薬を飲んだり、腹を圧迫したりして堕胎する方法もあったが、当時は抗生物質もなく、感染症リスクが高いため、産んでから殺すほうがまだ安全だったようだ。

過去のあまりに貧しい時代の「身売り」を糾弾する人々は、この「間引き絵馬」の母親に「赤ん坊を殺すなんて、人権感覚がなさすぎる！」「乳児虐待は許されない！」と言えるのだろうか。私はそんな無神経さには耐えられない。

スカウトマンのこと

過去の時代の身売りを糾弾していた女性は、こういった時代背景や間引きの話が出ても、**「それでも女性の人権が……」**という一点からどうしても考えが離れられないようで、話が現代にもどると、今度はアダルトビデオの世界や風俗店で働く女性のことを「**社会的に搾取されている**」と言いはじめた。社会構造のせいで女性がそのような境遇に追いやられている、男の性欲に虐げられているのだ、と。

まず、意志薄弱な女性を騙して契約書にサインさせ、脅迫してアダルトビデオに出演させるような輩がいることは事実で、対処は必要だと思う。だがその一方で、自分でＡＶ女優という職業を選ぶ女性がたくさんいて、彼女たちが活躍の場を得ていることは周知の事実だ。

また、かつての「女衒」は、現代では「**スカウトマン**」となっている。

女性に声をかけてキャバクラや風俗店に勧誘し、成功するとその女性の売り上げに応じて店からキックバックを受けられるというものだ。基本的に職業安定法に違反しており、原則禁止されている。また、路上で直接スカウト行為をすると迷惑防止条例違反によって摘発対象になる。

そこで、まずはあくまでも「ナンパ」して、知り合いになってから、個人的に女性と話して適切な店を紹介するというグレーゾーンの体をとっている。売り上げの高い女性をたくさん持つスカウトマンは、大学生でありながら贅沢な高級マンションに暮らしていたり、南の島に別荘を持って遊びほうけていたりして、「なんちゅう奴らだ!」と思う。

ただ、女性スカウトマンもいるし、また、事情があってお金が必要だったり、もともと夜の仕事をしたい女性の場合は、スカウトマンに自分が売れやすい店を紹介してもらったり、少しでも稼ぎが高くなるよう交渉してもらったり、売れるためのノウハウを教わったりする場合もあるらしい。悪質な人間も多い世界だが、必ずしもすべてが迷惑ではないという複雑な現実もあるということだ。

性産業で働く女性は社会的に搾取されているのか?

性産業で働く女性を「**搾取されている**」「**なくしていくべき**」と語る彼女の話を、私はしばらく黙って聞いていたが、あまりにこの世の苦労を知らずに正義感ばかり振りかざすので、どんどん不愉快な気分になってしまった。

彼女は、「女性の気持ちになってみてほしい」という〝善なる姿勢〟をとったつもりでいながら、実際には「職業には貴賤があり、性産業は賤しい仕事だ」「そこで働く女性は虐げられた身分だ」「そんな世界は見たくもない」「だからそのような職業はなくすべきだ」という差別意識をぶちまけていたのである。

しかも、同じ女性になら同意を得られるだろうといった様子で、私に向かって、「女性としてどう思います?」と聞いてきた。それで、私は物書きになる前は、風俗店で働いていて、事業に失敗して背負った借金を返したのだ、という話をした。彼女は驚いた様子だったが、それでも「**そのお店に搾取されていたんじゃないですか?**」と聞いてきたので呆れてしまった。

ちょっと語ろう。

私は24歳の頃、自分ではじめた事業で失敗してしまい、多額の借金ができた。それを短期間で返済しながら、さらに生活費を稼がなければならなくなり、何とか早いうちに挽回をはかろうということしか考えられなくなった。そのために高収入の仕事を自分で選んだのだ。

事がすべて済んで何年もたってから、「どうして自己破産しなかったの?」とか「なんでそんなムダなことをしたの」と何人もの人に言われたが、そもそも社会経験も少なく、未熟で無知な状態の私にそんな法律知識はなかったし、教えてくれる人もいなかった。

事業がうまくいっている時は、いろんな人がまわりに集まっていたが、失敗するとただの一人もいなくなる。どこぞの総理大臣みたいに将来権力を握るかもしれない人物なら、恩を売っておこうと考える人間がわらわら寄って来るのかもしれないが、フツーはだーれも手助けなんかしてくれない。世の中なんてそんなもんだ。

そして、そういう状態では、いちいち悩んだり絶望したりしている暇なんかなくなる。徹底的にドライに現実を乗り切る手段を選ぶのみになる。

ドライな対応に助けられる時もある

面接を受けた店では、「すぐカネいるんだろ？　じゃあ2万でも3万でも持って帰れるほうがいいだろ」と言われ、その場でいきなり仕事が入った。今なら「コンプライアンス的に問題アリ！」とか指摘されるのかもしれないが、その時の私には、ムダにやさしく寄り添われても何の解決にもならないから、乱暴なほどのストレートさのほうがずっと助かった。

実際、その日のうちに数万円を受け取って帰宅できたので、**「とりあえずここにいれば食える！」**と安堵した。

もちろん嫌なことがあって惨めな思いをしたこともあるし、自分の仕事を知ったら蔑む人もいるということもわかっていたが、当時の私が働けるほかの仕事では、完済まで何百回払いになるかわかったものではなかったし、実際かなり稼げたので、知ったことかと思っていた。

生きざま人それぞれ

店には、毎月、帯一本（１００万円）稼ぐ色白の美女がいた。ブランドもののバッグをたくさん持って、いつも髪がツヤツヤ、いい香りを漂わせていたが、両親が病気で、兄弟が精神病を発症して病棟に閉じ込めなければならない状態で、自分が一家の大黒柱なのだという。もとは大企業に勤めていたが、ストレスのためか、会社へ行こうとすると歩けないほどの猛烈な湿疹に襲われるようになって、退職。そして風俗業界に入ったのだそうだ。

また、おしゃべりしている最中に、たびたび突然くずおれて眠ってしまう女の子がいた。5分程度でむっくり起き上がってまた会話に入ってくるのだが、再び突然眠ってしまう。ナルコレプシーという病気らしい。こりゃどうやって仕事してるんだとみんな不思議がっていたが、そこそこ指名があった。普通の会社には勤められなくとも、世の中には独特の稼ぎ方があるものだ。

客から50万円分もの商品券の束をもらってきた30代のシングルマザーもいた。本業は保険のセールスレディーだそうで、「鍛え上げた営業トークの力よ」と商品券でうちわを作ってあおぎながら、「金券ショップで換金してくるわ」と出て行く姿には貫禄があり、すごいっすねと見上げるばかりだった。

稼ぎはじめるとこうなった

私も1年も働くと、ボーナス月にはラッキーが重なって一日で普通の仕事の月給ぐらいを稼ぐこともあったので、かなり余裕が出た。そのうちに週末しか出勤しなくなった。

もともと人付き合いが嫌いなので、自室を拡充する方向にお金を使いはじめるのだが、まず、すでにパソコンは持っているのに、当時最新で30万円以上したお洒落なマックを衝動買い。ほかにイラスト制作用のペンタブレット、ステレオセット、デスク、椅子などを買い込んで、一日中エッセイを書きまくっては、自力で作ったホームページにアップしつづけるようになった。せっかく買ったマックは使いこなせず、ただの飾り物になっていた。

食う寝る以外は力いっぱい書き物だけをして、一日に何本もイラスト付きのエッセイを更新していたので、ホームページは繁盛して、いろんな雑誌に紹介されたり、PC雑誌の付録CD-ROMに収録されたりした。そしてある日、出版社から「本を書きませんか」とメールが届いた。

芝居をたくさん観た時期でもあった。一日出掛けてマチネとソワレを連続で観たり、即完売だった宮藤官九郎の舞台もネットオークションで競り勝って最前列で観たりしていた。

捨て猫の赤ちゃんを飼い始めると、これまた大金をつぎ込んで部屋中が猫用大型家具だらけになった。高価な外国製のキャットフードばかり食べさせていたので、やたら毛並みが良くて体重は7kgオーバー、猫なのに足音がするという妙に立派な獣になった。

とてもじゃないが、今はできない贅沢なお金と時間の使い方だ。たまたま本を出版することになったから物書きに転じたものの、よく足を洗えたなと思う。

風俗店を経営する男

あんな生活をしていた私は、搾取されていたのだろうか？　人権感覚のない男に虐げられていたのだろうか？

そういえば、店のオーナーは、なぎら健壱似の、大柄で髭を生やした遊び人のおじさまだった。ガハガハ笑いながら高級時計を自慢しつつ、日々、競艇とスロットに金を注ぎ込んで、博打に勝った日はよく女の子たちに焼き肉や鮨を振る舞っていた。

とにかく話がうまくて、人気の女の子に指名が重なると、落語家なみの話術で別の女の子に振り替えさせてしまう。初来店のあやしい客には、やや威圧的に運転免許証を出させ、客あしらいのうまい女の子を指名させるよう誘導していた。

ショバ代をせびりにくるチンピラにも、肩に手をかけ何やらうまくやりあっていたし、駅前でワゴン車を広げてクレープを焼いている兄ちゃんも丸め込み、私はよくその甘い香りむんむんのクレープ車で家の近くまで送ってもらっていた。毎度、生地の入った大きな寸胴を抱えさせられていたが、これでタクシー代は不要。この兄ちゃんは博打で大失敗して妻子に逃げられたらしく、生活はかなり大変そうだった。

オーナーは、困った客が現れると現場まで駆けつけてきて「うちの子になにしてくれとんじゃい！」と凄みをきかせていたし、金が足りないだの高すぎるだのゴタゴタ言う客は、ベルトの腰の部分をひっつかんでコンビニのATMまで連行していた。

コンプライアンスもガバナンスもカスタマーサービスもあったもんじゃないが、密室で男と二人きりになって働く側としては、このオーナーの存在が大きな安心材料だったように思う。

オーナーは、辞めるという女の子を引き留めることはなかったし、無断で消える女の子を追い掛けたりもしなかった。たまたま街角で出会うことがあったが、「おう」という軽い目配せをするだけで、そのまま他人のふりをしてくれていた。

店を一歩出たら、仕事の世界のことは隠しておきたいと思っている心境をよくわかっていて、それを土足で踏み越えてきたりはしない。乱暴者のほうが本当の優しさを持っているのかもしれないと思ったりもした。

……とまあ、**「あの時、あの仕事があって本当に助かった」**という視点で語れることはどんどん出て来る。いくら「寄り添う」だの「理解する」だの「かけがえのないあなた」だのといってほほえんでいても、現実ってもっともっと圧倒的なのだ。

人権感覚で性産業を糾弾する人は、要するに世間知らずなんだと思う。世間知らずなままでは、現実のスケールは理解できないし、ものごとを「物語」で理解することもできないだろう。

そしてなにより、世の中は光の当たる世界だけでできているわけじゃない。影に身を寄せて厳しさをしのいで生きている人もいる。それぐらいのことは、心得ておくのが大人ではないかと私は思っている。

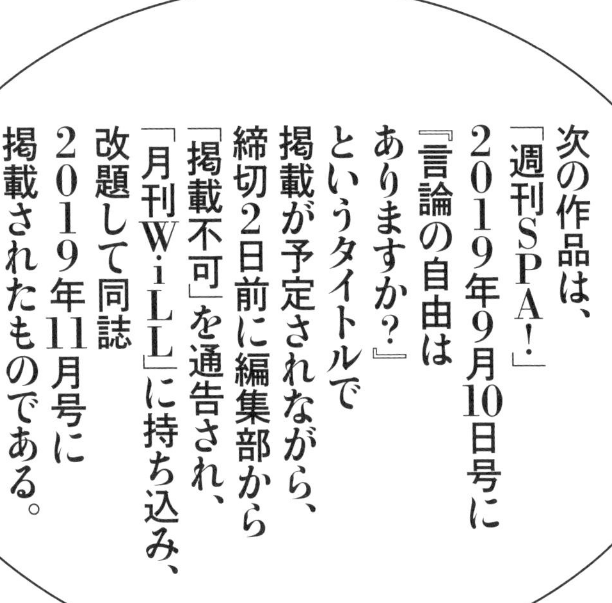
次の作品は、「週刊SPA！」2019年9月10日号に『言論の自由はありますか？』というタイトルで掲載が予定されながら、締切2日前に編集部から「掲載不可」を通告され、「月刊WiLL」に持ち込み、改題して同誌2019年11月号に掲載されたものである。

掲載不可になった理由は未だ明確ではないし、読者からの反応も「なぜ掲載不可になったのか全くわからない」というものがほとんどだった。

第18章
慰安婦像は神聖不可侵じゃない

私は「よしりん少女像」ニダ！

私は「性奴隷」と言われているスミダ！

自分じゃ奴隷になった覚えなんかないニダが、
いつの間にかそう呼ばれてるサムゲタン！

私が育ったおうちはとっても貧しかったハムニダ。
日本でも、戦前の東北の農村では凶作になると飢えに苦しんだ。
娘は女衒に売られたというけど、朝鮮はその比じゃなかったスミダ！

私が14歳の時、朝鮮人の業者の人がおうちにやって来て、お父さんとお母さんが私を売ったニダ！

でも、私が口減らしで出ていかなければ弟を「間引き」するしかないスミダ。
仕方がなかったチゲ。
時代が貧しすぎたんプルコギ！

戦後、私はひっそり生きてきたニダ。

そして40年以上が経った頃、テレビに、日本軍にさらわれて性奴隷にされたという人が出てきたナムル！

そんなはずないスミダ。ずいぶんいろんな戦地に行ったけど、日本軍にさらわれて来たなんて人、一人も会ったことないニダよ！

みんな売られスミダ。
中には、借金かかえて自分で来た人もいたマッコリ。

そもそも、日本人のお姉さんたちの方がずっと多かったのに、なんで名乗りを挙げているのは朝鮮人ばっかニダか〜〜〜?
とにかく、日本政府は謝罪して、「アジア女性基金」ってものを作って、橋本龍太郎首相の「おわびの手紙」と200万円の「償い金」をくれることになったニダ。
あん時は感激タッカルビ〜〜〜〜。
私はお金をもらいたかったニダ。
ところが「挺対協(ていたいきょう)(現、正義連)」という団体の人がやってきて、もらったら許さないと脅スミダ。
日本が、何が悪かったのかよくわからないけど、謝って、私たちにお金をくれるっていうんチョリム。
もらって何が悪いチョモランマ?
でも、実際にお金を受け取った人たちが、挺対協さんたちから「民族の自尊心を売った連中」と非難されて、
「殺す」なんて脅迫もひっきりなしに受けるようになった上に、
それまで政府や団体から受けていた支援を打ち切られたなんて話を聞くと、
もう怖くて怖くてとても受け取りたいなんて言えなくなってしまいチヂミ!
민족의 긍지를 팔고무리
민족의 긍지를 팔고무리
민족의 긍지를 팔고무리

そもそも1965年の日韓基本条約に伴う請求権協定で、韓国政府は個人に対する賠償金は日本政府から一括して受け取り、国内で分配することになっていたニダ。

でも韓国政府は個人に渡すはずのお金をちょろまかして、経済成長政策の方にぶっ込んでしまったスミダ。

だから個人請求権の請求先は韓国政府のはずなのに、日本政府に個人賠償を求める人が出てきて、なぜか日本人でそれに味方する人まで出てきたハシムニカ。
ハルモニに

でも一度条約で決着したのに、また国家賠償をしたりしたら、国際条約というものが意味を持たなくなってしまうハムニダから、日本としては民間基金という形にする以外になかったニダ。

それなのに挺対協さんたちは「国家賠償じゃないからダメだ」と無茶を言って、ものすごい反対運動を繰り広げて、ついにはほんの少しの人しか受け取らずに、「償い金」事業は崩壊してしまったトッポギ。
사죄
일본 정는 공식사죄

そしてそれから十何年かしたら、今度は安倍首相が、性懲りもなく新しい約束をしたニダ。

やる意味などないのに
安倍首相が「日韓合意」
なんかして、今度は
日本国が、国税を使って
10億円も韓国政府に
支払ったハスムニダ。

これで私たち
ひとりあたり
1000万円も
もらえることに
なったケジャン。
カムサハムニダー―!
アジア
女性基金の
償い金の
5倍ニダ!
待った甲斐があったニダ!

今度は日本が条約崩壊の
危険を冒してまで、
国費で賠償した
ニダから、今度こそ
受け取っても
大丈夫イムニダね?
日本に感謝ハムニダ!

ところがまた
挺対協さんたちが
「日本の汚いお金を
受け取るな」と、
ものすごい圧力を
かけてくるニダよ。

日本が国費で
出したお金
なんだから、
いいはずじゃ
ないチャプ
チェ~~~!?

「待てば倍のお金が
出るから、日本の
お金は受け取るな」
と言ってくる人も
いるスミダ。

でも、アジア女性基金の
時にも同じような
ことを言う人が
いたニダが、
「倍のお金」なんて
もらった人はひとりも
いないキンパ!

私たち、もう死んでしまうニダ。
その前に、もらえるお金はもらいたいクッパ。
アイゴーーー!

そうこうしているうちに、大統領が朴槿恵から文在寅に代わったら、たちまち「これで解決じゃない」と言い出して、お金を支給していた「和解・癒やし財団」を解散させて、またもや支給金事業は崩壊してしまったビビンバ!

でも、それも受け取ったら売国奴と言われて、韓国じゃ生きていけないニダ。

しかも、それまで支給金に使われたお金は、日本政府にもらった額の半分程度だったそうスミダ。

残り5億円はどこへ行ったニダ〜〜〜!?
また韓国政府がちょろまかしたニダか〜〜〜〜!?

挺対協さんたちは、私たちを支援する団体ということになっているけど、実際には私たちのことなんか爪の先ほども考えてなくて、ただただ「反日」がしたいだけニダ!

私はもう、めんどくさいことには巻き込まれたくないキムチ！
私は生きてるうちにお金がほしいだけニダ〜〜〜！
アイゴ〜〜〜〜〜〜〜〜ッ

…ん？
こんなパロディーを描くなんて許せない！
ハルモニを侮辱するな！
女性の人権を何と思っているのーッ!?
極右漫画だ！掲載するな！
こんなふざけたものを載せる「WiLL」は廃刊にしろ!!
表現の不自由ニダ〜〜ッ！
アイゴ——ッ

私たちを見て、ただ可哀そう、日本が悪いと言っている人たちは、実は私たちを利用して差別してるハムニダ。
ごーまんかましてよかですか？

偽善はもう止めてトッポギ！
私たちを反日に利用して芸術と言うのは止めてハムニダ！
私たちの真実を語る人は世界にだれもいないタッカルビ〜〜〜！
アイゴ——ッ

※韓国挺身隊問題対策協議会。

これは外国公館に対する
侮辱を禁じた
「ウィーン条約」に違反しており、
日本政府は再三抗議し
撤去を求めたが、
韓国は条約を守らない。
韓国は「反日」のためなら
国際法など守らなくていいのだ。

挺対協は慰安婦像を
韓国内にどんどん増殖させ、
海外でも韓国・中国系団体等が
アメリカ、オーストラリア、カナダ、
ドイツ、フィリピン、中国、台湾へと
設置していった。

これだけ世界中で
「表現の自由」を
謳歌しまくっている
慰安婦少女像が、
2019年8～10月の
あいちトリエンナーレの
「表現の不自由展・その後」
に展示されたのだ！

反日のために
作られたニダ。
平和のため
女性の人権のため
なんて、きれいごとは
やめてほしいスミダ。
ただ利用されて
いるだけナムル！

利用！利用！利用！
人の怨みと憎悪と
偽善と同情に
さらされる自由
しかないのが
我々、少女像ニダ！
立ち上がって
逃げ出したいキムチ！
アイゴ〜〜〜〜〜〜〜〜〜ッ!!

安倍晋三氏は首相に返り咲く前は
河野談話や村山談話を
見直す意向を示していたが、
河野談話すら逸脱する
「性奴隷」まで認めて謝罪した
安倍首相に、そんなことが
できるわけもなく、
第2次政権が発足すると
あっさり反故にした。

2015年12月、
安倍政権は韓国の
朴槿恵政権と
「日韓合意」を交わし、
日本政府が国費から
10億円を拠出し、
慰安婦問題を
**「最終的かつ
不可逆的に解決」**
とした。

そもそも慰安婦問題に
関する補償問題も
1965年の
日韓基本条約に伴う
請求権協定で、
**「完全かつ最終的に
解決」**とされている。

だからこそ
河野談話の際ですら、
日本政府は国家間の
補償は解決済みと
いう立場を崩さず、
補償は「民間基金」の
形で行ったのに、今回は
「国家補償」と見られ
かねない国費の支出
を行ったんです。

安倍首相は
河野談話すら逸脱
する謝罪外交を行い、
日韓基本条約の破棄
とも、とられかねない
ことまでやったのよね。

ところが日本では、
この日韓合意を
右も左も
「今度こそ解決」と
大歓迎。
マスコミは
これに異を唱えて
水を差しては
いけないと議論すら
タブーの空気だった！

国際政治学者の三浦瑠麗氏に至っては…
老練な外交成果。
「最終的かつ不可逆的に解決」という、日本が一番欲しかった言質を得ている。
合意は正しい方向だと思っています。そのやり方も、ある意味あっぱれです。

韓国とは何かを知らないからこんなアホなことを言うが、
わしは「ゴー宣道場」やWebマガジンで最悪だと批判し、
「どうせ政権が変わったらまた蒸し返される」と予言しておいた。

2017年、文在寅政権が発足すると、韓国政府は「合意には法的拘束力がない」と言い出し、
その後文在寅は「政府間の公の約束であっても、大統領として、この合意で慰安婦問題が解決できないことを改めて明確にする」と表明した。

政府間の約束でも、大統領が変わればその一存で無効！それが韓国！
韓国と話し合い、条約を結んでもムダ！そう考えておかねばならない。

2019年、韓国政府は元慰安婦に支援金を給付していた「和解・癒やし財団」を、日本政府の同意のないまま正式に解散させ、これで日韓合意は完全に破棄された！

合意の際に約束された慰安婦少女像の撤去も全くされず、逆に増える有様だった！

ようやく安倍政権はこの失敗に学び、徴用工問題では日韓基本条約に立ち返り、「解決済み」「韓国政府は条約を守ってほしい」との主張をするようになった。

この政策は良い。安倍政権がやった政策の中で最も立派な政策だと言える。

日韓関係はいっぺん見直した方がいい。

韓国無謬論・日本悪玉論という歴史認識の間違いを、日本側も韓国側も改める時期が来た。

この政策は野党にはできなかっただろう。

安倍首相の存在意義がやっと発揮された。

挺対協は2018年に「日本軍性奴隷制問題解決の為の正義記憶連帯（正義連）」に改称。

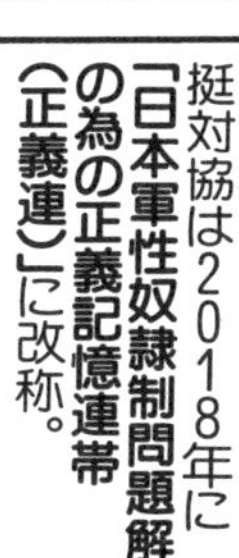

さらに活動を活発化させている。

慰安婦問題は今では国際的には「女性の人権問題」ということにされているが、韓国内ではなお「強制連行」が事実で最大の問題だとする教育が行われており、「吉田証言」さえも全く無批判に平然と流布している！

韓国では未だに「強制連行の有無」が最大の論点であり、これは決して日本国内だけの、過去の論点ではない。

このことは強調しておく必要がある。

それにしても、なぜ韓国の反日は近年ここまで過激化しているのか？
西岡力国際基督教大教授が、恐るべき指摘をしている。
韓国には、韓国版の自虐史観とも言うべき歴史観が存在する。
「韓国という国は生まれた時から汚れており、北朝鮮こそが民族の正統性を継承している」というものだ！
この歴史観は80年代に先鋭化した反米・親北の学生運動の中で広がった。

韓国は独立闘争もせぬまま、日本の敗北で米国に独立させてもらった。

初代大統領・李承晩は米国の傀儡で、日本の韓国統治に協力した「親日派」の人材を処分せずに軍人・警官・官僚に登用した。

朴正煕大統領は自身が日本の士官学校出身の親日派だったから、補償問題等をきちんと解決せずに、日韓基本条約を結んでしまった。

だが一方、北朝鮮は、日本と武装闘争をした金日成が首班となり、親日派を徹底的に処断したから、民族の正統性を継承している。

主体思想を貫き、ソ連や中国にも従属していないので、少し貧乏かもしれないが、民族主義の立場からは純粋さを保っている…というのだ。

明らかに北朝鮮のプロパガンダだが、韓国ではこれが左派の歴史観として定着してしまった。

慰安婦問題などで反日感情を煽れば煽るほど、それはブーメランのように返ってきて、そんな極悪な日本に協力した「親日派」を清算しなかった韓国は「汚れている」ということになり、親北感情が強まる。

そうして韓国ではその後の30年間で親北左派の勢力が急成長を遂げた。
韓国の「反日」は「反韓・親北」とセットなのだ!!

挺対協役員の家族・親戚には、
北朝鮮を利する行為をした
容疑で韓国当局に逮捕された
者が複数いる。
そればかりか2011年、
金正日が死んだ際、挺対協は
弔電を打って「哀悼の心」を
表明し、こう訴えている。
北の同胞が一日も早く
悲しみに打ち勝って立ち上がり、
平和統一の門をともに開き、
日本軍慰安婦問題と
日帝の過去史清算のために
より大きい歩みで進むことが
できることを切望する。
文在寅は完全に左派の
歴史観を信奉しており、
「大韓民国は生まれては
いけない国だった」という
認識で、北朝鮮主導の
南北統一を夢見ている。

そして文政権には、
学生運動の時代に
北朝鮮の主体思想を
学び、そのまま
転向していない
「永遠の学生運動家」が
大勢入り込んでいる。

日本の左翼リベラルは、
韓国の味方をしている
つもりだろうが、
実は北朝鮮の味方を
しているのである。

虚偽に満ちた反日史観を
そのままにしておいたら、
韓国は北朝鮮に吸収され、
韓国国民に地獄を見せる
ことにもなりかねない。

それを防ぐためにも、虚偽の歴史は史料に基づく正しい歴史に修正しなければならない。
実はその動きは当の韓国ですでに始まっているのだ。
この本は韓国の経済史を主に扱う落星台経済研究所の6人の研究員の共著で、従来の韓国の反日史観を真っ向から否定し、一次史料を基に、日本の韓国統治の実態を実証的に著述している。
韓国では、戦後最大の反日行動が沸き起こっている一方で、『反日種族主義』という本が大ベストセラーになっている。
반일 종족주의
反日種族主義
主著者の李栄薫（イヨンフン）ソウル大学名誉教授は、ソウルの外信記者クラブで会見し、慰安婦についてこう発言した。
日本軍慰安婦になった韓国人女性が20万人というのは全く根拠がない加工された数字だ。
性奴隷説は政治的な主張だ。奴隷は自由意志により仕事を止めることができない。
しかし、慰安婦だった女性たちの契約期間が満了した時、または慰安婦になる前に両親や保護者が受け取った資金を返した後に、移動の自由があった。

慰安所に関する
運営規則が残っている。
慰安所を訪問する日本軍は
その利用時間と階級により、
所定の料金を必ず先払いし、
かつ現金で支払うように
なっていた。
色々な慰安婦が残した
回顧録によれば、
その規定は概して正確に
厳守されたと考えられる。
営業時間及料金表
第二軍人倶楽部料金表
韓国人だけでなく
日本人慰安婦も同じように、
大変な境遇にもかかわらず、
明るい未来のために貯蓄して
家に送金した記録がある。
何も補償を受けなかった
奴隷的・性的に
略取される人生の
連続であったということは、
一つの神話だと考える。

120〜170人余りの
元慰安婦が証言したが、
問題がないとは言えない。
生存している慰安婦が果たして
どの程度母集団全体を代表
するのか、サンプルの代表性の
問題もある。
50年前のことに対する個人証言が
持つ信憑性、一貫性の問題。
歴史学者ならば議論しなければ
ならない問題だ。
証言が繰り返されるたびに
証言内容が変わっている。
証言の中には、親に売られたと
するものや、遊郭の建物を見て
立派だと思ったり、着物を着た
女性が綺麗だと見えたとする
内容も入っている。
友達にそそのかされて
出て行ったり、両親の暴力を
避けるために家出して
人身売買業者の養女に
なったりしたとするものも。
証言を詳しく見れば
歴史の真実が出ている。
しかし人々は詳しく証言を読まない。

両親が娘を斡旋業者に売るのは今日の基準では有り得ないことだが、公娼制度は当時の基準では合法だった。
このような時代的状況を理解する必要がある。
完全に、わしが主張してきたことと同じである！
ついに韓国人研究者が慰安婦の真実を語る時が来たのだ！
李名誉教授は、この本を書いた動機についてこう語っている。
韓国人は日本に対して強烈な敵対感情を持っている。それは歴史的に受け継いだのだ。
반일 종족주의
反日種族主義
多くの韓国人は朝鮮王朝を非常に美しい高尚な人の国だと考えている。
そして非常に不道徳で暴力的な日本帝国主義が入ってきて朝鮮王朝を滅亡させたと考えている。
これが歴史の本を通じて私たちの幼い世代に教育されている。
そういう歴史教育、歴史意識を持っていては、決して大韓民国は先進社会、先進国として発展することができないだろう。
なぜなら先進社会、先進政治になるということは隣国との友好的協力関係を前提にするためだ。
そういう私たちの未来を遮る反日感情が限界に到達したという危機感でこの本を書くことになった。

著者のひとり、李宇衍(イウヨン)研究委員は
「週刊文春デジタル」のインタビューで
『反日種族主義』というタイトルについて、
韓国は近代的な性格を持つ
「民族主義」ではなく、
前近代的な「種族主義」だから
だと言っている。

著者たちの発言からは、
こんな前近代的で
野蛮な感覚を
そのままにしたら
韓国に未来はない
という危機感が
ひしひしと伝わってくる。

客観的な現実に基づかず、
思い込みのレベルで
「日本は絶対悪」「韓国は絶対善」
として、絶対善の韓国は
絶対悪の日本に何をしても良い、
いつまでも問題を蒸し返して
良いと思っている性格などが
「前近代的」だというのだ。

主著者の李栄薫名誉教授も、
「中世的な善と悪の観念で
日本との関係を認識して評価し」、
教育の洗脳によって
「無条件に絶対不変の敵対感情」
を伝えていることが
「種族主義」の核心だと述べている。

わしも同感である。
韓国は「絶対悪」の敵を
作らなければ
維持できないような
幼稚なナショナリズムを
脱して、成熟した
近代国家にならなければ
ならない。

反日種族主義のままでは、
韓国はいずれ、
より強力な前近代国家である
北朝鮮に引き寄せられ、
吸収されるという結末を
迎えることになるだろう。

『反日種族主義』が
韓国版自虐史観の
空気を打破できれば
いいが…
このような良心的な
韓国人の出現は
これからも続いて
いくだろう。
日本の左翼リベラルは
韓国を前近代的な
反日国家のままで
いいと甘やかし、
破滅に追いやろうと
しているだけである。
わしこそが
本当に韓国の
行く末を案じて、
日韓両国の
間違いを正そう
としているのだ！
ごーまんかまして
よかですか？
虚偽に満ちた
反日史観は
修正しなければ
ならないニダ！
それこそが
日韓双方の
ためになる
トッポギ！
だから
この本は
決して
嫌韓では
ない！
日韓の
未来のために
わしは戦うのである!!
あいちっち
甘えんターレ
公金でやらせろ
表現の自由 その前

『慰安婦』あとがき

歴史を語り伝えるということは、本当に難しいと思う。

歴史というものは、後世の人間がありえないようなものに書き換えてしまう危険が常にある。

その時代を生きていた人にとっては常識で語る必要も感じなかったことが、次の時代の人間には全く理解できず、とんでもない解釈をしてしまうということが、いくらでも起こるのだ。

慰安婦問題とはまさにそれで、軍隊経験者がまだ社会にいた時代には「慰安所」とは「公娼制度」を戦地に持っていったものにすぎないということは常識で、語る必要もないことだった。

ところが90年代に入り、軍隊経験者がどんどんリタイアして当時を知らない人が大勢を占めると、慰安婦は「強制連行」された者だなどという、ありえない話が信じ込まれるようになってしまった。

さらに21世紀に入ると、公娼制度があった時代を知らない人が大勢を占めるようになってしまい、「公娼制度自体が、女性の人権侵害だった」という主張が平気でなされるようになってしまった。

現在の感覚で過去を断罪しようというのは、無知であり思い上がりである。

わしが雑誌「SAPIO」誌上で熾烈（しれつ）な戦いを繰り広げていたのは、今から20年以上も前になる。今ではネトウヨらも平気で「慰安婦なんか、売春婦じゃないか！」などと乱暴に言えるが、そうなるまでにどんなに困難な戦いがあったかなんて、ネトウヨ連中には想

像もつかず、最初から誰でも言えたことだとでも思っているのではないか。

そう思うと、大東亜戦争の意義や当時の苦労を全く理解しようともしない戦後世代が、当たり前のように平和を謳歌している様子を、戦争に行ったじっちゃんたちが苦々しく見ていた気持ちもわかるような気がする。

一方、左は左で、もう20年以上も経って当時の論争を知っている人もいないだろうと高をくくって、とっくに論破された主張を再び繰り返し始めている。

実際に若い世代は、慰安婦問題が90年代につくられたことも、最初に「強制連行説」が流布されてから問題がすり替えられたことも知らず、慰安婦問題は戦後ずっと日韓間にくすぶり続けていたものであり、問題の本質は最初から「女性の人権問題」だったかのように思い込んでしまう者も出てきた。

さらに問題なのは、戦時中の慰安婦の実像をリアルタイムで知っている人が今ではさらに少なくなっていて、未来には皆無になってしまうということだ。

そしてそんな時に、戦後最悪となった日韓関係や、あいちトリエンナーレの「表現の不自由展・その後」に絡んで再び慰安婦問題がクローズアップされる状況が出現するに至り、こうなると20年以上前にどんな戦いがあり、何が論じられていたのかということをひとつの作品にまとめて、歴史に残しておかないと大変なことになってしまうという思いが、わしには抑えられなくなってきた。

本書は、そんな危機感のもとに制作されたものである。

歴史を正しく伝え、未来に活かすために、本書はさらに20年後、40年後にも残してほしい一冊である。

この本の制作に躊躇なく応じてくれた担当の志儀氏、遊び心いっぱいでなおかつ上品にカッコいい表紙カバーや中身のデザインをやってくれた鈴木成一デザイン室の皆さん、可愛い人形を作ってくれた宮川アジュ氏、いつも力の入った写真を撮ってくれる野口博氏、関係者の皆さん、ありがとう。

小林よしのり

参考文献

・新井佐和子『サハリンの韓国人はなぜ帰れなかったのか』草思社
・イザベラ・バード＝著 時岡敬子＝訳『朝鮮紀行』講談社学術文庫
・李栄薫＝編著『反日種族主義』文藝春秋
・上杉千年『検証『従軍慰安婦』 増補版』全貌社
・大高未貴『父の謝罪碑を撤去します』産経新聞出版
・呉善花『韓国併合への道』文春新書
・川田文子『戦争と性』明石書店
・韓国教会女性連合会＝編 山口明子＝訳『キーセン観光実態報告書』ＮＣＣキリスト教アジア資料センター
・金一勉『天皇の軍隊と朝鮮人慰安婦』三一書房
・日下公人『人間はなぜ戦争をするのか』知的生きかた文庫
・久保田幸平『ミンダナオ島敗残記』三一書房
・黒田勝弘『韓国・反日症候群（シンドローム）』亜紀書房
・櫻井よしこ『直言！ 日本よ、のびやかなれ』世界文化社
・ＳＡＰＩＯ編集部＝編『日本人が知っておくべき「慰安婦」の真実』小学館
・ジョージ・アキタ＋ブランドン・パーマー＝著 塩谷紘＝訳『「日本の朝鮮統治」を検証する １９１０－１９４５』草思社
・ジョージ・ヒック＝著 濱田徹＝訳『従軍慰安婦 性の奴隷』三一書房
・鈴木俊雄『回想のフィリピン戦線』鈴木医院
・千田夏光『従軍慰安婦』三一新書
・千田夏光『従軍慰安婦・慶子』光文社文庫
・高木健一『従軍慰安婦と戦後補償』三一新書
・長沢健一『漢口慰安所』図書出版社
・中村八朗『シンガポール収容所』現代史出版会
・西岡力『よくわかる慰安婦問題』草思社文庫
・西尾幹二『異なる悲劇 日本とドイツ』文春文庫
・西野留美子『従軍慰安婦と十五年戦争』明石書店
・長谷川伸『生きている小説』中公文庫
・秦郁彦『昭和史の謎を追う（下）』文藝春秋
・秦郁彦『慰安婦と戦場の性』新潮選書
・森光子『吉原花魁日記』朝日文庫
・森光子『春駒日記』朝日文庫
・森本賢吉『憲兵物語』光人社
・柳田國男『故郷七十年』講談社学術文庫
・山田盟子『慰安婦たちの太平洋戦争』光人社
・吉田清治『私の戦争犯罪』三一書房
・吉見義明＝編集・解説『従軍慰安婦資料集』大月書店
・吉見義明『従軍慰安婦』岩波新書
・吉見義明『買春する帝国』岩波書店

初出一覧

・第1章　「反日」が原理の国――描き下ろし＋「SAPIO」1996年8月28日号／9月4日号から再構成
・第2章　おそるべき慰安婦問題の反響――「SAPIO」1996年10月9日号
・第3章　心からの謝罪の無意味――「SAPIO」1996年10月23日号
・コラム　慰安婦は「従軍」ではない――書き下ろし
・第4章　老若男女・慰安婦問題 大論争――「SAPIO」1996年11月13日号
・第5章　戦場の性欲とフェミニズム――「SAPIO」1996年11月27日号
・第6章　弱者という聖域に居る権力者――「SAPIO」1996年12月11日号
・評論　兵士体験記、「謝罪派」証言集から読む慰安婦たちの実生活大検証――『新ゴーマニズム宣言3巻』
・第7章　43団体の言論封殺にわしは屈せぬ――「SAPIO」1996年12月25日号
・第8章　朝ナマで見た凶暴な善意のファシズム――「SAPIO」1997年3月12日号
・第9章　わしは広義の強制連行による漫奴隷だった！――「SAPIO」1997年5月28日号
・【特別ふろく】吉見義明氏の「従軍慰安婦認識」は「木を見て海だと言い張る」の類だ！――「SAPIO」1997年5月28日号
・第10章　右翼のレッテル貼りを排する女性に感謝――『戦争論2』2001年11月から再構成
・第11章　ゴー宣版 従軍慰安婦資料集――『新ゴーマニズム宣言3巻』1997年5月から再構成
・第12章　「従軍慰安婦」の真実――『戦争論2』2001年11月から再構成
・第13章　慰安婦問題の歴史①「慰安婦問題」ができるまで――『新ゴーマニズム宣言4巻』1998年1月から再構成
・第14章　慰安婦問題の歴史②「河野談話」はこうしてつくられた――『戦争論2』2001年11月から再構成
・コラム　河野談話には何が書いてあるか？――「ゴー宣道場」ブログに大幅加筆修正
・第15章　過去を裁く現代人の驕り――『戦争論2』2001年11月
・コラム　クマラスワミ報告書はどうつくられたのか――「ゴー宣道場」ブログに大幅加筆修正
・第16章　慰安婦問題の歴史③ 日本を「性奴隷国家」にした者たち
――「SAPIO」2006年11月8日号、2007年5月23日号他から再構成
・コラム　左翼プロパガンダ映画『主戦場』の罠に嵌る右派論客――書き下ろし

・第17章　20世紀の女性の人権侵害は「性奴隷」である――『新戦争論1』2015年1月
・コラム　風俗で働く女性は〝搾取〟されているのか?――「小林よしのりライジング」第327号
・第18章　慰安婦像は神聖不可侵じゃない――「WiLL」2019年11月号
・最終章　反日種族主義と戦え!――描き下ろし

著者紹介

小林よしのり　こばやし・よしのり

漫画家。昭和二十八(一九五三)年、福岡県生まれ。
昭和五十一(一九七六)年、大学在学中に描いたデビュー作「東大一直線」が大ヒット。
昭和六十一(一九八六)年に始まった「おぼっちゃまくん」が大ブームに。同作品で小学館漫画賞受賞。
平成四(一九九二)年、「ゴーマニズム宣言」の連載スタート。以後、「ゴー宣」本編のみならず
『戦争論』『沖縄論』『靖國論』『いわゆるA級戦犯』『パール真論』『天皇論』『昭和天皇論』『新天皇論』
『国防論』『大東亜論 巨傑誕生篇』『AKB48論』『新戦争論1』『民主主義という病い』『新・堕落論』といった
スペシャル版も大ベストセラーとなり、つねに言論界の中心であり続ける。
現在、漫画は雑誌「FLASH」で「よしりん辻説法」を、
「SPA!」で「ゴーマニズム宣言2nd Season」を、「小説幻冬」で「おぼっちゃまくん」を連載中。
平成二十二(二〇一〇)年から「身を修め、現場で戦う覚悟を作る公論の場」として「ゴー宣道場」を主宰。
平成二十四(二〇一二)年よりニコニコチャンネルでブログマガジン「小林よしのりライジング」配信を開始。

スタッフ

カバー人形　宮川アジュ
カバー写真　野口 博
ブックデザイン　鈴木成一デザイン室

構成　時浦兼・岸端みな（よしりん企画）
作画　広井英雄・岡田征司・宇都聡一・時浦兼（よしりん企画）
編集　志儀保博（幻冬舎）

慰安婦

2020年1月30日　第1刷発行

著者
小林よしのり

発行者
見城 徹

編集人
志儀保博

発行所

株式会社 幻冬舎
〒151-0051 東京都渋谷区千駄ヶ谷4-9-7
電話 03-5411-6211(編集)
03-5411-6222(営業)
振替 00120-8-767643

印刷・製本所
中央精版印刷株式会社

検印廃止

ISBN978-4-344-03564-5 C0036

幻冬舎ホームページアドレス https://www.gentosha.co.jp/
この本に関するご意見・ご感想をメールでお寄せいただく場合は、
comment@gentosha.co.jpまで。